유성여자는 왜 예쁠까?

지은이 **임재만**

북갤러리

유성여자는 왜 예쁠까?

초판 1쇄 인쇄일 2016년 8월 23일
초판 1쇄 발행일 2016년 8월 29일

지은이   임재만
펴낸이   최길주

펴낸곳   도서출판 BG북갤러리
등록일자 2003년 11월 5일(제2003-000130호)
주소   서울시 영등포구 국회대로 72길 6 아크로폴리스 405호
전화   02)761-7005(代)
팩스   02)761-7995
홈페이지 http://www.bookgallery.co.kr
E-mail   cgjpower@hanmail.net

ISBN   978-89-6495-096-8 03090

※ 저자와 협의에 의해 인지는 생략합니다.
※ 잘못된 책은 바꾸어 드립니다.
※ 책값은 뒷표지에 있습니다.

이 도서의 국립중앙도서관 출판시도서목록(CIP)은 e-CIP홈페이지(http://www.
nl.go.kr/ecip)와 국가자료공동목록시스템(http://www.nl.go.kr/kolisnet)에서 이용
하실 수 있습니다.(CIP제어번호 : CIP2016019936)

유성여자는
왜 예쁠까?

1

신혼여행. 얼마나 달콤했으면 허니문(honeymoon)이라 했을까. 유성은 한때 갓 결혼한 여성들이 일생에 단 한번 뿐인 신혼여행지로 가장 가고 싶어 하는 곳이었다. 지금으로부터 40여 년 전. 당시에는 유성이 그렇게 인기였다. 이유는 유성이 천년 역사의 온천이 있었기 때문이었다. 그랬다. 당시 유성으로 온 신혼부부들은 지금의 유성호텔 자리(당시에는 만년장)에서 다정한 포즈로 호텔을 배경삼아 사진을 찍었다. 그리고 그곳에 있는 연못에서 배를 띄우고, 중절모를 쓴 신랑이 노를 젓고, 신부는 앉아서 신랑을 바라보는 장면. 정말 사진만 보아도 유성으로 온 신혼부부들의 사랑과 행복이 느껴졌다. 이것이 그 당시 유성 봉명동 일대 낮풍경이었다.

그러면 밤풍경은 어땠을까? 당시에는 국일관이라는 나이트클럽이 있었다. 이곳에는 나 문희, 강 부자, 남 보원, 지금은 고인이 된 트위스트 김까지. 이름만 대면 알만한 유명 연예인들이 총 출연했다. 나이트클럽 규모만도 전국에서 손꼽혔다. 전국에서 손꼽힌 것은 나이트클럽만이 아니었다. 온천탕도 그랬다. 바로 그 주인공이 지금은 사라졌지만 홍인호텔의 전신 홍인장이었다. 그야말로 60~70년대 유성은 화려했다. 특히 밤이 더 그랬다. 그리고 점점 번화해져가는 유성에는 호텔이 들어서기 시작했다. 만년장의 후신 유성호텔이 처음 지어졌고, 이후에는 리베라호텔, 아드리아호텔, 홍인호텔, 로얄호텔, 레전드호텔. 그리고 계룡스파텔, 인터시티호텔, B스테이션호텔이 뒤를 이었다. 그야말로 1㎞ 내외의 단일 지역에 전국에서 가장 많은 호텔들이 들어섰고, 그로인해 관광특구 유성의 불빛은 새벽까지 꺼지지 않았다.

2

이렇게 화려한 유성에 대해 사람들은 동경했다. 서울에서도 늦은 밤에 차를 몰고 유성온천으로 달릴 만큼 인기였고, 대전 사람들은 각종 회식이나 연말모임이 있으면 으레 유성을 찾았다. 하지만 93대전엑스포 당시 마지막 호황을 누리고 유성은 조금씩 잊히기 시작했다. 이유는 온천업소들의 시설투자가 적고 전국에 수많은 온천들이 개발됐기 때문이다. 여기에 국민들의 생활수준이 높아지면서 본격적인 해외여행이 시작된 것도 원인이 됐다. 이유야 어쨌든 안타까운 일이다. 시대와 유행은 변해가도 자연그대로의 건강 천연온천수는 그대로인데 말이다.

필자는 유성에서 20년째 유성을 알리는 일을 하고 있다. 직업으로서 유성을 알려야하기도 하지만 조금씩 조금씩 유성을 탐구해가면서 유성의 숨은 매력을 알게 됐다. 이것은 단순히 온천만의 이야기가 아니다. 수려한 풍경, 그리 높지는 않으면서 산세가 좋은 명산들, 선사시대부터 이어온 선인들의 문화유적, 그리고 사람을 즐겁게 하는 음식들. 모두가 매력 덩어리였다. 이 책은 바로 이런 유성의 매력을 알리기 위해 시작됐다.

그러면 유성에는 어떤 매력이 있을까. '유성(儒城)'은 설렘을 준다. 온천휴양의 도시 이미지 때문일 것이다. 그리고 유성은 신비감을 준다. 계룡산의 산(山)태극, 금강의 수(水)태극, 봉명동 일대 온천이 그러하다. 남쪽에서 북쪽으로 흐르는 갑천은 드넓은 들을 적셔주는 풍요의 상징이다. 유성 벌에서 솟아올라 예스럽지 않는 땅으로 만든 온천은 태조 이성계와 태종 이방원이 찾았고, 대대로 유성사람들의 삶을 안락하게 했다. 도참설과 관련된 수많은 명산들과 구석기 · 신석기 · 청동기 등의 유물들은 이곳이 살기 좋았음을 증명해준다.

《택리지(擇里志)》의 저자 이중환은 이러한 유성을 '우리나라에서 가장 살기 좋은 곳은 공주 '계촌(溪村)''이라고 치켜세웠다. 임진왜란 이후 유행했을 것으로 짐작되는《정감록(鄭鑑錄)》에도 '계룡산 자락 세동이 피난 곳'이라고 했고, 실제로 선조들이 이런 예언을 믿고 경상도에서 이주해 3대를 이어오는 사람도 있다.

3

이런 예언 때문이었을까. 현대에 들어와 2006년 유성은 전국에서 가장 살기 좋은 곳으로 선정됐다. 정치적 이해관계로 시련을 겪었지만 유성과 접경지역에 신행정수도로 시작됐던 국가적 도시건설이 2007년 첫 삽을 떴고, 이제는 세종시로 자리를 잡았다. 과학의 메카인 대덕연구단지도 2005년 「대덕특구」로 선포되어 세계인이 주목할 만큼 위상이 높아졌다. 250여개의 각종 연구소들이 밀집되어있고, 벤처기업만도 1,000여개, 우리나라 석·박사의 15%가 유성에 살고 있는 현재의 모습, 결코 우연은 아닐 것이다.

유성의 자랑이 어디 이뿐인가. 산을 한번 둘러보자. 어가(御駕)를 모시는 형국이라는 왕가산은 우산봉과 더불어 서북에 해당하는 명산이다. 계룡산에서 도덕봉을 거쳐 삽재고개로, 다시 융기한 갑하산은 중(中)거북형 천하제일의 명당이라 한다. 용이 살아 승천했다는 금병산, 여성의 기운이 강한 암탉산, 정상 풍광이 아름다운 우산봉, 갑천이 휘감고 도는 우성이산, 그야말로 명당 터에 대한 감동의 연속이다.

그러면 이렇게 좋은 환경에서 사는 사람들은 어떤가. 유성사람들은 그 모습이 온유하고 부드럽다. 예부터 문학과 풍류가 있던 곳이었고, 온천은 최근에 밝혀졌지만 피부에 좋고, 특히 아토피로 고생하는 어린아이와 여성들에게 치료효과가 있음이 입증되면서 다시하번 주목받고 있다. 아마 예뻐진다는 것은 모든 여성의 로망일 것이다. 동서고금을 막론하고 여성들의 최대 관심사는 예뻐지는 것, 바로 아름다움이다. 그래서 60~70년대 갓 결혼한 여성들이 가장 가고 싶은 신혼여행지가 '물좋은' 유성이었을지도 모른다.

그래서일까. 지난 십 수 년 동안 유성의 곳곳을 찾아다니며 아름다운 풍경, 명산, 유적, 음식을 담으면서도 지루한줄 몰랐다. 그리고 아름다움은 눈앞에 펼쳐지는 것만을 이야기하지 않는다는 것을 알게 됐다. 우리 유성에는 히말라야 같은 대단한 장관도, 제주도처럼 이국적인 풍광도 없다. 하지만 늘 있는 아름다움을, 늘 있기 때문에 소중한 줄 모르고 사는 삶이 얼마나 많은가. 수통골 낮은 산자락의 아늑함이 그것이고, 봄날 은구비공원 벤치의 눈부신 햇살도, 갑하산에 올라 천하를 본 듯 감동하는 마음도 그렇다.

그래서 비록 많은 지식은 없었지만 아름답고 매력 있는 도시 유성의 과거와 현재의 모습을 있는 그대로 옮겨보고 싶었다. 좀 단순한 방법이지만 궁금하면 달려가 만지고, 보고, 아름다움에 반하면 잔디밭에 벌렁 누워도 보고, 그랬다. 바로 이 책은 그런 경험과 감동을 옮긴 것이다.

2016년 9월 **임 재 만**

풍경

온천

명산

유적

유성 여자는 왜 예쁠까?

풍경

봄

봄꽃 만개한 **갑천**

유성의 생명줄,
그 풍광에 반하다

갑천의 봄은
온통 꽃 잔치랍니다.
개나리,
벚꽃이 피고
아니 흐드러져 눈이 어지럽지요.
유성구청에서 엑스포공원까지 핀 벚꽃.
어릴 적 보았던 튀밥처럼
하얗게 펑펑 터져 버렸습니다.
바로 아래 비탈에 핀 개나리 군락.
노란 색 물감을 확 뿌린 것처럼
너무나 아름답습니다.
아!
이 아름다운 갑천.
어찌 혼자만의 감동일까요.

– 임재만 〈갑천의 봄〉

유성은 아름답고 살기 좋은 곳이다.
수려한 산세, 도시를 가로질러 흐르는 갑천,
선사시대 조상들이 살았던 수많은 흔적들…

지난해 봄 갑천에서 봄꽃들에 취해 썼던 시 〈갑천의 봄〉이다. 올해도 역시 갑천에서 봄을 맞는다. 불과 며칠 전에 꽃들이 피기 시작하더니 이제는 벚나무마다 하나둘씩 튀밥을 튀기듯 하얗게 펑펑 터져버려 갑천은 온통 꽃 잔치다. 그 꽃이 바람에 날리니 하늘에서 꽃가루를 뿌리는 듯하고, 그 길을 걸으며 갑천의 아름다움에 감동한다.

갑천을 따라 산책을 한 것은 헤아릴 수 없이 많지만 마흔이 훌쩍 넘어서야 진짜 아름다움을 알게 됐다. 그래서 요즘 사람들을 만나면 "휴일 저녁 갑천을 산책해 본적이 있나요"라고 묻고 싶어진다.

갑천을 따라 걸을 때마다 사람들을 많이 만난다. 이제 막 100일 지난 듯 보이는 아이를 유모차에 태우고 산책하는 젊은 부부의 모습, 연인끼리 징검다리를 건너며 가위·바위·보를 하는 정겨운 광경, 연세가 지긋한 노부부의 가벼운 스트레칭 모습, 잔디밭 한 가운데에서는 혈기 왕성한 젊은 학생들이 이제 막 올라오는 푸른 잔디를 밟으며 공차기를 하고. 아마도 한번쯤 갑천을 따라 걸어본 사람이라면 갑천의 이런 아름다운 풍경에 익숙해져 있을 듯싶다.

도심 속 자연과 공존…아름다움 더해

갑천에서 만난 사람들의 모습만큼 자연 또한 우리에게 생명을 느끼게 해 준다. 갑천의 물은 맑고 깨끗해 물고기가 많이 산다. 새들은 물고기를 잡아먹기 위해 물 위를 날아다니고, 원앙 떼는 아름다운 자태를 뽐낸다. 어미 원앙을 따라 새끼 원앙 10여 마리가 꼬리를 이어가고, 곧이어 풀숲으로 숨는다. 사람들에게 유익함을 주는 갑천에 야생이 살아 숨 쉬고 있음을 확인하는 순간이다. 바로 이 야생의 모습이 갑천의 생명력을 유지해 주고 있는 것이다.

그래서 대전에 많은 명소가 있지만 자연의 아름다움을 만끽하면서 산책하기 좋은 곳을 꼽으라면 주저하지 않고 갑천을 말한다. 갑천은 총 길이 62.75㎞. 그중에서 유성구청에서 엑스포과학공원까지 봄꽃이 만개한 길을 따라 걷는 기분은 산책 이상의 특별한 기쁨을 만끽할 수 있게 한다.

　유성구청, 과기원, 대전MBC를 향해 달리는 곧게 뻗은 도로 양 옆으로 핀 벚꽃들은 더욱 장관을 연출한다. 유성구청 앞에서부터 전민동까지 7.8㎞의 산책로는 시민의 사랑을 독차지하며 명소가 된 지 이미 오래전이고, 중간 중간 천을 가로질러 놓인 징검다리는 도시에서 볼 수 있는 풍경치고는 너무나 정겹다.

　천변 위쪽으로 활짝 핀 개나리 군락은 어떤가. 이곳은 해마다 봄이 되면 TV, 신문들이 가장 먼저 봄소식을 전하는 곳이 되어 버렸다. 이렇게 갑천에 취해 걷다보면 어느새 엑스포 다리를 만난다. 순간 지난 1993년 그 성대했던 대전엑스포를 찾은 국내 · 외 관광객들이 미니 열차를 타고 환호하며 다리를 건너던 모습이 생생히 떠오른다.

엑스포 다리의 화려한 야경

그리고 밤이 되면 이곳은 더 아름다워 작은 수상도시가 된다. 엑스포 다리의 불빛에 뒤쪽 스마트시티가 물위에 비추면서 나타나는 모습이 바로 그것. 이런 형형색색의 빛을 내뿜는 야경을 보기 위해 밤이면 시민들이 몰린다. 특히 여름철은 사랑하는 연인끼리, 정다운 가족끼리, 아끼는 친구와 함께 걸으며 이 야경에 취한다. 카메라 동호인들도 당연히 엑스포다리의 화려한 조명을 놓치지 않는다.

예부터 명당(明堂)…사람들 모여 살아

이처럼 아름다운 갑천은 대둔산 장군 약수터에서 발원하여 민족의 영산 계룡산을 지나 서남쪽으로 흘러오는 신도안내(川)를 합하고는 북쪽으로 흘러 서북쪽에서 오는 쇠골내와 만난다. 그리고 다시 북쪽으로 흐르면서 건천, 유성천, 탄동천, 유등천, 관평천을 차례로 만나 흐르다가 북쪽으로

봄

가을

물굽이를 돌려 금강으로 들어간다. 그야말로 계룡산에서 금강까지 가로질러 흐르는 대전의 서북쪽, 유성을 기름지게 하는 젖줄인 것이다. 그래서 '유성의 땅은 비옥해 사람이 살기 좋은 곳이 되었다'고 옛 문헌들은 말하고 있다. 실제로 유성은 서쪽에 명산들이 병풍처럼 막아서고 있고, 동쪽은 갑천이 흐르고, 남쪽에 잔잔한 구릉지대, 북쪽으로 금강이 흐르고 있다.

예부터 이렇게 땅이 비옥하고 산수가 수려한 곳은 당연히 사람들이 많

이 모여 살았는데, 그 역사가 깊고 수가 많을 때 소위 '명당'이라고 불러
왔다. 갑천도 그중 하나다. 그 첫째가 역사적으로 도참설과 관련한 수많
은 명산들과 구석기 · 신석기 · 청동기 등의 유물들이 이를 말해주고 있
다. 구전에 의하면 그 옛날 여름철 우기에 갑천은 서구 쪽으로는 지금의
선사유적지까지 범람했다고 하고, 유성 쪽으로는 우성이산 아래까지 흘
렀다고 하니 그 기름지고 풍요로운 모습은 충분히 상상이 간다.

그리고 그 이후 사람이 살 만한 마을을 고르는 이중환의《택리지(擇里志)》에서는 기름진 땅으로 전남 남원과 구례, 순박한 인심은 평안도, 아름다운 경치는 강원도 영동, 그리고 터를 골라 사람이 살기 좋은 곳은 충청도 공주'계촌(溪村)'으로, 지금의 유성 갑천을 으뜸으로 꼽았다고 하는 문헌은 오래전부터 갑천이 사람들이 살고 싶은 이상형이었음을 알 수 있게 해준다.

여기에 우리지역에서 오랜 세월 동안 '조화정치연구원'을 운영하며 학자의 길을 걸어온 김강령 박사는 "택리지에서 말한 갑천은 유성천과 갑천이 만나는 현 유성구청 앞 지점을 비롯한 유성 일대일 가능성이 높다"고 해석하고 있다. 또《조선환여승람(朝鮮寰輿勝覽)》에는 갑천을 조선 제일의 내라 칭송하며 사람이 살만한 그윽한 곳이라고 읊은 시도 여러 편이 전해져오고 있는데, 그중 하나가 자를 백윤(伯允)으로 하는 이병연이 쓴 시다.

여러 길에 살기 마땅한 내(川)인데
조선 제일의 내라네
비록 강과 바다가 많으나
이 내에 사는 것만 못하리로다.

– 이병연 《조선환여승람》

그리고 수 백 년이 지난 지금 갑천이 휘돌아 흐르는 유성구가 해마다 전국에서 가장 살기 좋은 곳으로 선정되고 있는 사실도 결코 우연은 아닐 것이다.

여행길잡이

교통 **내비** – 대전광역시 유성구 대학로 211. 유성구청 ☎042)611-2114. **대중교통** – 시내버스 121번,104번. 마을버스 5번.

갑천 즐기기 걷기를 즐기려면 유성구청에서 신구교까지 구간이 좋다. 걸으면서 흐르는 물을 보면 쌓인 스트레스도 사라진다. 갑천은 자전거도로도 함께 있어 주말 한가롭게 하이킹을 즐기면 좋다. 갑천의 야생이 보고싶으면 상류가 좋다. 유성홈프러스에서 시작해 진잠까지 걸으면서 무성한 갈대와 습지를 보면 저절로 힐링이다.

주변 볼거리 갑천 주변 볼거리는 유림공원을 추천하고 싶다. 유림공원은 사계절 꽃이 아름답고. 안면도 해송이 볼만하다. 유림정 앞 호수에는 팔뚝만한 비단 잉어들이 헤엄치는 모습이 이채롭다. 유림공원은 또 문학의 공원이다. 공원 광장에 '유림공원에서' 등의 시비가 여러 개 있어 시 한편을 읽어 볼 수 있는 여유를 만끽할 수 있다. 가을에는 국화축제도 열린다. 3천만송이 국화를 보러오는 시민들로 공원은 오전부터 붐빈다.

먹을거리 갑천을 따라 걷다보면 배고파진다. 가족끼리 함께 걷는다면 주변 맛집에서 점심이나 저녁을 먹는 것도 즐거움이다. 맛집은 유성구청 주변이 다양하다. 아이들이 잘 먹는 돈가스 · 스파게티. 어른들이 좋아하는 아귀찜 · 삼겹살 · 횟집들이 많아 입맛대로 고르면 된다.

표준과학연구원 '봄꽃 축제'

피었구나,
호수가 붉은 철쭉

표준과학연구원에서 열리는'봄꽃축제'에 처음 가본 것은 지난 1998년 봄이었다. 당시 월간지 기자로 일할 때였는데, 동료 기자가 연구소 경내가 너무나 아름답다고 해서 가게 됐다. 저녁 시간에 축제가 시작됐는데, 그 당시에는 특별한 프로그램은 없었고, 많은 연구소에서 근무하는 연구원들과 가족들이 삼삼오오 모여앉아 가져온 음식을 나눠 먹으며 대화하는 정도였다. 그런데 그 때의 연구소 분위기와 연구원들의 자유스런 모습이 어찌나 인상적이던지. 당시만 해도 여전히 사회는 경직된 분위기였다. 하지만 연구단지 연구소들만큼은 선진한 유럽의 어느 나라에 온 것

표준연구원의 봄꽃축제는
대덕특구에 입주한 많은 정부출연
연구소 중에서 유일하다.
축제가 열리면 연구원 내 호숫가에 핀
봄꽃들을 보러오는 시민들로 북적인다.

같은 착각이 들 정도로 자유스러워 보였다. 그래서 그 때 기억 이후 연구 단지 종사자를 부러워하게 됐고, 다른 특별한 이유 없이 동경의 대상이 되었다. 그런데 시간이 지나 결혼을 하고 아이들이 태어나면서 정신없이 세월이 흘러 10년 넘는 시간이 지나서야 다시 축제에 가보게 됐다. 축제 는 2일간 진행됐고, 주말까지 연구원을 개방했다.

통기타 선율 분위기 '압도'

축제 첫날, 가족들과 함께 도룡동을 지나 구 대덕롯데호텔 전 사거리 에서 좌회전해 전자통신연구원 방향으로 달렸다. 잠시 후 오른쪽에 한국 표준연구원 정문이 나타났고, 우리 가족은 주차장에 차를 주차한 후 행 사장으로 향했다. 행사장에는 벌써 포크송 가수를 초청해 공연 프로그램 이 진행되고 있었고, 아름다운 통기타 노래 소리에 맞춰 함께 추억의 노 래를 따라 부르는 동안 분위기는 무르익어갔다. 또 행사장 한쪽에서는 어린이들을 위해 강아지ㆍ꽃 모양의 매직 풍선을 만들어 제공하는 등 다 양한 행사가 펼쳐졌다.

특히 유아를 동반한 가족들을 위해 마련한 궁전 모양의 놀이터는 아이 들에게 인기였다. 아이들이 놀이터에서 놀고 있는 동안 아내와 나는 작 은 호수에서 사진도 찍고 잠시나마 보채는 아이들에게서 벗어나 둘만의 시간을 자질 수 있었다. 함께 시간을 보내는 것은 우리 부부 뿐만이 아니 었다. 지나가는 낙엽 만 보아도 깔깔대고 웃는다는 사춘기 소녀들도 호 수가 옆 활짝 핀 봄꽃을 사이에 두고 사진을 찍으며 마냥 즐거워했다.

그렇게 호숫가에서 보낸 시간이 얼마동안 지나고 우리는 아이들을 데 리고 먹을거리 광장으로 갔다. 광장에서는 성인과 어린이 음식을 따로 준비해 가족이 함께 축제를 즐길 수 있도록 배려한 모습이 역력했다. 축 제장에서 만난 연구원 직원은 "해마다 개최하는 봄꽃축제는 많은 시민과 가족들이 참여해 서로 화합의 시간이 되도록 꾸민다"고 자랑했다.

지역주민 교류의 장 '의미'

　이렇게 가족들과 축제를 즐기고 끝날 무렵 우리 가족은 집으로 돌아왔다. 그런데 축제장에서 받은 작은 감동이 머릿속에 남아 있었고, 그러면서 대덕특구와 주민간의 교류, 연구원 개방문제에 대해 생각해보게 됐나. 사실 평소 '연구단지와 지역 주민과의 교류'라는 말을 흔히 들어왔다. 이러한 교류가 정책적으로 추진되고 있음은 그만큼 연구원과 주민간의 이질감이 많다는 반증일 것이다. 실제로 연구단지가 조성 된지 40년이 되었지만 여전히 이질감 속에 특별히 함께할 만한 프로그램을 찾기가힘들다. 그 이유는 연구원들의 업무 자체가 지역주민들의 생활과는 동질성이 없고, 연구성과를 이해하는 것도 전문지식이 요구되기 때문이다.

축제장을 찾은 사람들

이런 현실에서 대덕특구 종사자들을 조금이라도 이해하고 함께 어울릴 수 있는 것은 표준연구원의 '봄꽃 축제'가 좋은 예다. 축제기간 동안 봄꽃을 즐기고 음식을 나눠 먹는 시간 속에서 친숙해질 수 있고, 연구소 분위기도 접할 수 있기 때문이다. 그리고 사실 대덕특구를 이해한다고 하지만 시민들이 연구소 경내에 들어가 보는 것도 무척 드문 일이다. 중후한 건물들, 무엇인가 상징하는 듯한 낯선 조각품들 등은 쉽게 접근하기 어렵게 한다. 그런데 표준연구원 축제기간에 일반인 누구라도 경내에 들어가 작은 호수에서 사진을 찍어 보고 경내를 산책하는 것은 이런 벽을 허물기에 충분한 이벤트였다.

여행길잡이

교통 **내비** – 대전광역시 유성구 가정로 267. ☎042)868-5114. **대중교통** – 유성고속버스터미널에서 시내버스 1번, 5번. 대전역에서 시내버스 606번.

대덕특구 탐방 프로그램 대덕특구 연구소에 가면 웅장한 건물, 무엇인가 상징하는 듯한 조형물들이 반긴다. 이곳은 세계적인 석학들이 공부하고 연구하는 곳으로 자라나는 아이들에게 과학의 꿈을 심어주기에 더할 나위 없이 좋은 곳이다. 하지만 관람은 쉽지 않다. 연구소별로 보안이 철저해 개인 관람은 홍보관 정도 밖에 안 된다. 그런데 학생들은 유성구 과학프로그램을 이용하면 쉽게 관람이 가능하고, 유명한 과학자도 만날 수 있다. 유성구에는 꿈나무과학멘토, 토요일에 과학소풍, 유성으로 떠나는 과학여행 등 많은 과학프로그램을 운영하고 있다. 신청 ☎042)611-2814

여름

시원한 산길 **성북동 산림욕장**

찌든 도심 탈출,
성북동으로…

유성은 대전 전체 면적의 35%를 차지할 만큼 광활하다. 언뜻 보기에 호텔과 대형음식점이 밀집된 봉명동 일대와 연구소들이 모여 있는 대덕 특구가 전부인 것처럼 생각되지만, 실제 지도상에는 그 범위가 상상하는 것 보다 훨씬 넓다.

도심 속에서도 잠시 차를 타고 교외로 빠지면 갑자기 옛 시골집이 보이고 좁은 농로를 만난다. 그래서 여름철에 전원의 아름다움을 만끽하며 더위를 피하기 좋은 장소들이 많다. 그중 성북동 산림욕장은 가족과 함께 숲속에서 산책을 즐기며 정담을 나누기에 알맞은 장소다.

성북동 산림욕장을 가기 위해서는 진잠 쪽으로 방향을 잡으면 된다. 그 길을 따라 달리다 보면 뜨거운 햇살에 농촌 들판이 도심 속의 속진을 털어 주는듯한 기분을 느끼게 한다. 그러다 갑자기 번잡한 느낌으로 만나게 되는 진잠 사거리에서 논산 가는 길을 따라가면 오른쪽으로 '성북동 산

역시 성북동 산림욕장이다.
시원한 바람,
산소가 풍부한 맑은 공기, 풀냄새, 나무냄새…
산속에서의 산림욕은 몸과 마음을 가볍게 해준다.

림욕장 3.7㎞'라는 이정표와 함께 시원스런 방동저수지가 보인다. 그곳에서 4㎞ 가까이 더 북쪽으로 가면 된다.

'피서', 성북동 산림욕장 '강추'

방동저수지에서는 탁 트인 전경이 좋아 그냥 지나칠 수 없다. 그래서 도시생활에서 잠시라도 전원의 풍경을 만끽하고 싶은 사람을 만나면 이곳을 꼭 추천한다. 저수지 맞은편 쪽에는 날아온 것인지, 여기에 살고 있는 것인지는 몰라도 짙은 청둥오리 떼가 한가롭게 물 위에 떠있다. 보기만 해도 정겹고 아름답다. 이곳에는 주변에 음식점도 많지만, 저수지 풍경을 제대로 즐기려면 저수지 한쪽에 마련된 정자에 앉아 가져온 삶은 옥수수나 수박을 꺼내 먹으면서 더위도 식히고, 가족들과 못 다한 이야기를 나누면 좋다.

저수지에서 다시 성북3통 방면으로 가다보면 성북3통, 성북2통, 성북1통을 차례로 지나게 되고, 드디어 통나무로 지은 성북동 산림욕장 관리사무소에 도착한다. 거기서 성북산림욕장 안내도를 살펴보고, 음수대의 물 한 모금을 마시면 온몸에 퍼지는 시원한 기운을 느낄 수 있다. 그리고 이곳에서부터 본격적인 산림욕이 시작된다. 음수대에서 위쪽으로 뻗은 올라가는 길(A코스)과 오른쪽으로 가는 길(B코스)이 있다. 먼저 위쪽 산길을 따라 올라가면 큰 산봉우리가 손에 잡힐 듯 가까이 다가오고, 시리도록 파란 하늘이 눈에 들어온다.

방동저수지에 날아온 철새들

얼마 후 숨이 차기 시작할 때쯤이면 좌우로 쭉쭉 뻗은 소나무 군락들, 사람이 들어갈 수 없을 정도로 우거진 숲을 보게 되고, 아이들의 손을 잡고 아내와 지난 일을 회상하며 이야기를 나눌 만큼 분위기는 무르익어간다.

그동안 수없이 산길을 걸어보았지만 성북동 산림욕장 만큼 정겨운 곳도 찾기 힘들었다. 성격상 조용한 곳을 좋아하기에 누구보다도 산길에 더 익숙해져있다. 이상하게 들릴지 모르겠지만, 몇 년간 산속에서 만 살았던 시절도 있었다. 그래도 외롭거나 무섭다는 생각 없이 산을 즐겼다. 아마도 내가 이렇게 산을 좋아하는 것은 산이 주는 즐거움 때문일 것이다. 바로 산길에서 갖는 명상의 시간.

산길에서 만난 것은
처음 보는 꽃들,
웃자란 진초록 풀잎들,
적막을 깨는 새소리,
그 순간 눈이 뜨이고,
그 순간 귀가 열리고,
찌들었던 머릿속에
명상의 시간이 찾아온다.

– 임재만 〈산길에서〉

'성북동', 성의 북쪽에 있는 마을

가족들끼리 산책하기에 좋은 장소라고 산림욕장 예찬을 늘어놓으면서 갑자기 철학자 흉내를 낸 것 같아 머쓱하지만, 그만큼 산 속에서는 생각이 자유스럽고 마음이 편하다. 이렇게 이런 저런 생각 속에 걷다보면 어느새 '사랑의 나무(연리지)'가 있는 작은 계곡을 만나게 된다. 이 나무는 여러 차례

물놀이장으로 흐르는 계곡물

사랑의 연리지 나무

언론에서 보도해 유명세를 탔다. 다름 아닌 두 나무의 가지가 서로 연결되어 있는 모습이 신기하기 때문이다. 또 연결된 모습이 두 팔을 하늘로 뻗어 맞잡은 것 같은 모습. 꼭 사랑하는 연인을 닮았다. 그래서 '사랑의 나무'라 부르게 되었지 않았나 싶다.

A코스 걷기가 끝나면 다시 음수대에서 B코스 걷기를 시작 할 수 있는데, A코스에서 에너지 소비를 많이 해서 인지 다소 지루한 느낌이다. 그래도 한때 기대를 모았던 물놀이장에 대한 궁금증을 앞세워 걷다보면 제법 걷는 재미가 쏠쏠하게 난다. 얼마나 걸었을까. 영득사 가는 길 팻말이 보이고, 그곳에서 잠깐 멈춰 아래로 내려가니 계곡물 소리가 커지면서 넓은 공간이 나타난다. 바로 물놀이장. 그런데 기대가 무너지고 만다. 시설이라고 해야 고작 평상과 낡은 벤치 몇 개. 하지만 사람이 없고 한적한 느낌이 좋다. 때로는 이런 느낌이 마음을 편안하게 하는 경우가 있다. 요즘 어느 유원지를 가보아도 사람들 틈에서 오히려 스트레스를 받고 돌아오는 경우가 흔하다. 그런 것을 생각하면 볼품없는 시설이지만 숲속에 와서 잠시 휴식을 취한다는 것에 불만스럽지 않다.

성북동의 본래 우리말 이름은 '잣디 마을'이라고 한다. 대전광역시향토사료전시관의 지명 자료를 통해 잣은 성(城)의 고유어임을 알 수 있다. 성을 뜻하는 우리말로는 '잣'과 '재'가 있었는데, '재'는 최근까지 살아 있으나 '잣'은 일찌감치 자취를 감추었다고 한다. 북(北)을 뜻하는 뒤라는 말도 지금은 사라진 고어다. 그래서 '성북동'을 종합해보면 '성의 북쪽에 있는 마을'이란 뜻이 된다.

여행길잡이

교통　　내비 – 대전광역시 성북로 463. 지번)대전광역시 유성구 성북동 산72-3. **대중교통** – 시내버스 41번.

그 이름 **수통골**

시원한 바람, 계곡물
여름에 이름값 하는 곳

여름에 가장 마음을 빼앗기는 것은 물과 바람이다. 이름 있는 관광지
는 대부분 물과 시원한 바람으로 유명하다. 대천은 바닷물과 넓은 백사
장, 지리산은 시원한 산속 바람. 우리 유성에서는 대천의 바다 보다, 지
리산의 바람만큼은 아니지만 도심 속 공간이기에 사랑을 받는 곳이 있
다. 바로 수통골. 유성 어디서든 30~40분이면 갈 수 있고, 그곳에서
시원한 물소리와 바람소리에 잠시라도 도시 생활의 피곤함을 잊을 수 있
다. 그런데 수통골은 여느 계곡과는 사뭇 다른 느낌이다. 계룡산 끝자락
에 위치하고 있어 그 기운을 한 데 모은 듯 아늑하고, 곳곳에 '수통'을 놓
아둔 것처럼 적당한 수심의 보가 있어 물고기가 헤엄치는 모습까지 자세
히 볼 수 있다.

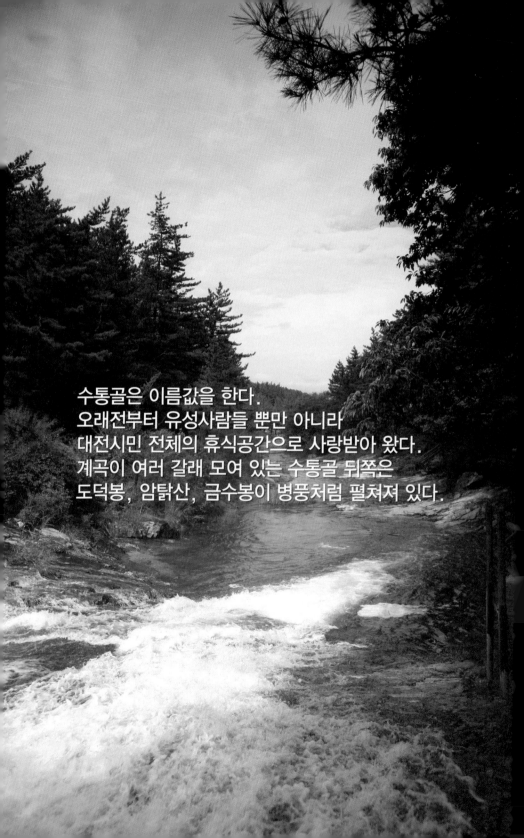

수통골은 이름값을 한다.
오래전부터 유성사람들 뿐만 아니라
대전시민 전체의 휴식공간으로 사랑받아 왔다.
계곡이 여러 갈래 모여 있는 수통골 뒤쪽은
도덕봉, 암탉산, 금수봉이 병풍처럼 펼쳐져 있다.

찌든 도시 탈출…휴일저녁 수통골로

수통골의 유래도 이와 무관하지 않다. 그 '형태'가 군인들의 수통을 놓아둔 것 같다 해서 붙여졌다는 설이 있고, 물이 길고 크게 통하는 골짜기라고 해서 이렇게 부른다고 국립공원관리공단의《수통골의 연혁과 지명유래》에서는 주장하고 있기도 하다. 그런데 가장 신뢰가 가는 설은 도덕봉 아래 의상대사가 수도한 '수통굴'에서 유래되었다는 것. 그리고 수통골은 사계절 모두 아름답지만, 특히 봄과 여름이 돋보인다. 봄에는 수통골 입구에 펼쳐진 배밭의 배꽃 풍광이 아름답고, 여름철은 말할 것도 없이 시원함이다. 그것도 저녁시간에는 더욱 그렇다.

수통골은 유성에서 진잠 방향으로 가다가 오토월드를 지나면서 바로 우회전해 천변을 따라 올라가면 넓은 주차장이 나타난다. 이곳이 수통골 입구다. 입구를 지나자마자 사각 사각 발끝에서 들려오는 자갈 밟히는 소리가 경쾌하다. 그 아래로 내려다보이는 맑은 물속의 송사리와 파문을 만들며 헤엄치는 소금쟁이가 잊고 있던 고향의 내음을 되살리게 한

다. 그 물줄기를 따라 세워진 시화 판넬은 누구라도 잠시 시인이 되고 싶은 열망을 갖게 한다. 발길을 옮겨 바로 옆에 자리 잡은 쉼터에 앉아 잠시 생각에 잠기면 그 마음이 더 간절해진다. 이렇게 산 입구가 시적인 것은 이곳에 시인이 살았기 때문이다. 이희철 시인. 그는 국립공원관리공단 계룡산사무소 수통골 분소에서 등산객을 안내하고 산불도 예방하는 일을 했다. 수통골이 그의 직장이었다. 당시 관리소에서 만난 그는 "산을 좋아하는 사람은 모두가 시인"이라고 말했다. 그리고 가장 좋아하는 자신의 시 〈머물던 자리〉를 읽어주었다.

나 오늘 쉬어가리
계룡산에서

언제나
넓은 가슴으로
뜨거운 눈 맞춤으로
오가는 발길 붙드는 곳에서

사람들 모였다 흩어져도
변치 않는 네 모습 안에
내 안식의 끈 풀어놓고
쉬어가리
〈중략〉

나 오늘 쉬어가리
한 시절 머물던 계룡산에서

— 이희철 〈머물던 자리〉

시인에게 감동받은 마음을 앞세워 골짜기를 따라 올라가니 수통골의 상징인 작은 호수가 나타난다. 이 호수는 저녁 해가 넘어가면서 연출되는 모습이 아름답다. 그런데 생각해보면 이렇게 도심 속에 작은 호수가 있어 전원을 맛볼 수 있는 것도 우리 유성사람들의 행운이다. 대전 인근에는 이름난 저수지가 많지만 그 큰 저수지를 수통골에 옮겨놓았다고 해도 이처럼 감동을 주지는 못할 것이다. 무엇이든지 그 장소에 어울리는 것이 가장 아름답다는 생각을 수통골 호수를 보면 알게 된다. 그리고 작은 호수를 지나면 방금까지 있던 물은 간데없고 바싹 마른 하천 바닥이 나타난다. 바로 간헐천. 계곡에서 내려오는 물이 모두 땅 밑으로 흐르는데, 폭우가 쏟아져도 가득 고였다가 금방 빠져버린다.

　사막에서 오아시스를 찾는 기분으로 10여 분을 더 걸어가다 보면 금수봉에 오르는 등산로를 만난다. 그리고 그 옆의 아기자기한 폭포들이 시원한 물소리와 함께 등산객을 반긴다. 바로 여기서 돗자리를 펼치고 앉아 흐르는 물에 발을 담그면 비로소 도심에서 탈출한 느낌이 든다. 서서히 불어오는 시원한 바람이 몸속까지 파고들고, 그 순간 기분은 '업(up)'된다. 바로 나만의 피서 법. 그렇다면 이쯤에서 옛 사람들의 피서 법을 살펴보는 것도 흥미로울 것 같다. 다산 정약용은 〈소서팔사〉에서 1824년 여름 더위를 이기는 8가지 이야기를 시로 썼다.

솔밭에서 활쏘기,

느티나무 아래에서 그네타기,

넓은 정각에서 투호하기,

대자리 깔고 바둑 두기,

연꽃구경,

숲속 매미소리 듣기,

비 오는 날 한시 짓기,

달밤에 탁족하기.

- 정약용 〈소서팔사 중에서〉

옛 선인의 피서법도 특별하지 않은 것을 보아 우리 유성에 살았던 조상들도 이곳 수통골에 올라 발을 담그고 더위를 피했을 것이라는 생각을 해보면서 흐르는 것은 물만이 아니라 세월도 함께 흐르고, 인생도 흐르고, 미움도 흐르고, 사랑도 흐르고, 그렇게 모든 것이 흘러간다는 것을 알게 된다.

두부에 막걸리 한잔 '좋~다'

이렇게 2~3시간 휴식을 취하고 배고픔을 느끼면 주차장까지 내려와서 길가에 늘어선 맛집에 들어가 입맛대로 골라 음식을 먹을 수 있다. 이곳에 위치한 맛집들은 대부분 토속음식이 많다. 오리, 닭백숙 등과 같은 영양식을 비롯해서 저렴한 가격에 편안히 먹을 수 있는 두부 요리와 가정식 백반 등이 주된 음식을 이룬다. 그중 두부는 식사가 부담스러울 때 간단히 먹을 수 있는 것으로 가장 좋다. 주차장 맞은편에 흑두부집은 그래서 등산객들의 발길을 잡는 곳이다. 두부하면 흰색의 먹음직스러운 내모 모양을 연상하지만, 이집은 검은 콩으로 두부를 만들어 색다르다. 이렇게 특별한 두부를 젓가락으로 떼어 양념장에 찍어 먹으면 마음이 흡족할 만큼 입맛이 좋다. 그리고 김치에 싸서 먹는 맛도 일품이다. 이곳은 이런 두부 맛을 즐기기 위해 찾은 단골손님들로 늘 만원이다. 큰 돈 들이지 않고 많은 사람들 틈에 끼어 입맛 나는 음식을 먹는 즐거움도 상상 외로 크다.

'480살 소나무' 수통골 산 증인

그런데 수통골에는 잘 알려지지 않은 한 가지 사실이 있다. 수령이 480년 된 소나무가 그 주인공인데, 둘레는 3.0m, 높이는 25m나 된다. 위치는 유성구 덕명동 산26-24번지. 유성컨트리클럽 주차장에서 걸어서 10분 거리. 이곳에 도착해 소나무를 보면 그 고고한 자태에 감탄하게 된다. 그래서 유성구에서는 1982년부터 보호수로 지정해 관리하며 산신제도 지낸다.

이 소나무 아래서 지내는 산신제는 1900년대 초로 거슬러 올라가는데, 수통골에서 오랫동안 살아오면서 '수통골 가든'을 운영했던 장관호 선생님의 기억이 유일하다. 그가 주장하는 유래는 이렇다. "1900년대 초 수통골 산자락은 울창한 송림으로 우거져 있었다. 사람들은 이곳을 가난한 사람들이 많아 가난골이라고 부르기도 했다. 그 후 임업시험장이 들어섰고, 과수재배와 육모사업이 육성되면서 주민들의 살림살이도 조금씩 나아져갔다. 하지만 이렇게 나아지던 마을의 살림살이와 울창했던 송림은 6.25라는 전쟁의 풍파를 피해가지 못했다. 전쟁 발발 이후 도덕

봄

여름

가을

겨울

봉 골짜기는 대표 사격장으로 잠시 변해 수많은 소나무들이 가지가 꺾이고 베어지면서 송림은 사라져갔다. 그렇게 역사의 소용돌이가 지나고 나서 450여 년 된 소나무 2~3주 만 남게 되었는데, 이 나무가 현재의 산신제를 지내는 소나무다.

산신제는 전쟁 이후에 누군가가 그 나무 밑에 제단을 만들고 산신을 모시기 시작했는데, 1960년에 시작된 국민재건운동과 새마을운동의 영향으로 미신 타파운동이 전개되면서 산신을 섬기던 사람들은 사라지게 됐다. 그런 시간 속에서 산림도 훼손되었고, 그렇게 개발이 진행되면서 10여 년 사이에 마을에 변고가 발생하기 시작, 많은 젊은 사람들이 운명을 달리하게 됐다. 이에 불안을 느낀 주민들은 마을 총회를 열어 다시 산신제를 올리며 나무를 가꾸고 보살폈다. 처음에는 음력 정월 초 3일에 산신제를 올렸으나, 정초라 진행상 어려움이 많아 정월 7일로 잠시 행사 일을 바꾸어 산신제를 지내면서 동네는 안정을 찾게 되었고, 평화로운 마을로 변했다."

이렇게 우여곡절이 많은 역사를 알게 되면 수통골이 더 애착이 간다. 성은 다르지만 이곳에 살았던 선인들도 모두 우리 조상들이 아니던가. 역사의 소용돌이 속에서 피할 수 없는 아픔을 간직한 수통골. 그래서 더 정이 가는지도 모른다.

여행길잡이

교통 — **내비** – 지번)대전광역시 유성구 계산동 667-1, 2.
대중교통 – 시내버스 11번, 102번, 103번, 104번.

먹을거리 — 수통골에는 전통음식이 많은데, 요즘은 아이들이 좋아하는 음식도 많고 연인끼리 가볍게 커피 한잔 즐길 수 있는 카페도 들어섰다. 전통음식은 대부분 보양식. 한방 오리, 옻닭, 두부, 추어탕 등. 그런데 이곳의 맛집들은 모두 맛이 좋아 꼭 추천받을 필요는 없다. 음식에 자세한 효능을 말하면 그것도 인지하는데 스트레스가 쌓인다. 그래서 후기만 이야기하면, 옻닭은 먹은 후 몸이 후끈 달아오르는 느낌이다. 오리는 훈제와 한방오리탕, 수육으로 나누는데, 훈제와 수육은 아이들이 좋아하고, 한방오리탕은 보약을 먹는 기분이다.

가을

미국 실리콘밸리가 부럽지 않다

　시인 최현희 선생님은 "내 복이 많아 이 곳 유성에 둥지를 틀어 인연을 이루니 이 보다 더한 복이 어디 있겠는가"라고 했다. 내게도 유성에 사는 마음이 이러했다. 아름다운 풍경, 유서 깊은 문화유적, 계룡산 줄기 명산들, 여기에 세계 최고 수준의 대덕특구를 빼놓을 수 가없다.

　이렇게 자랑스러운 유성이지만 그래도 가장 살고 싶은 곳을 꼽으라면 유성에서도 어은동과 도룡동이다. 도룡동 일대는 이국적인 전원주택들이 마음을 끌고, 어은동 한빛아파트는 대덕특구 연구원들이 모여 살고 있어 교육 환경이 좋기 때문이다. 흔히 언론에 강남의 극성스런 과외열풍이 뉴스로 자주 등장하지만 어은동은 강남처럼 과열도 아니면서 교육 수준과 실력은 강남 어느 학교에 비해 뒤 떨어지지 않고 있다.

조성초기 대덕연구단지

1990년 대덕연구단지

2015년 대덕연구개발특구

한때 어은초등학교는 저학년 학생들이 영어로 된 신문을 만들어 본다고 했고, 귀국한 학생들을 위한 귀국학생반이 따로 운영될 만큼 교육 환경이 특별했다. 인근에 대덕초등학교는 어은초등학교 보다 더하면 더했지 덜하지는 않다고 한다. 그리고 가까이에 어은중학교, 대덕고등학교가 있어 이들 학생들이 진학하여 공부할 수 있는 교육 환경이 그대로 유지되고 있으니 더 매력적이다.

대학진학도 굳이 타 지역을 선호할 이유가 없다. 서울에 좋은 대학이 많다고 하지만 유성도 최고를 자랑한다. 공대 계열에서는 세계적인 수준의 카이스트, 바로 옆 궁동에는 오랜 역사를 자랑하는 충남대학교, 이외에도 6개 대학이 더 있다. 한마디로 유성은 교육의 도시다. 그래서 이곳에서 공부한 학생들은 대학원을 다시 진학해 석·박사를 마치면 연구소에 취업해 뛰어난 두뇌를 활용, 국가 발전에 기여 할 수 있는 길이 열려있다. 그래서 아직 어린 아이들을 키우는 필자도 대전에서 가장 살고 싶은 곳은 당연히 어은동과 도룡동이다.

다시 말해 수많은 연구소가 밀집되어있는 대덕특구, 이곳에는 우리나라 박사 중 15%가 밀집되어 과학기술을 연구하고 있다. 이런 여건만 생각해도 아이들을 교육시키는데 큰 행운이 아닌가. 그 유명한 맹모삼천지교(孟母三遷之敎)도 바로 이런 이유였다. 그래서 대덕특구의 가치가 더욱 높아지고 있는 것이다.

과학기술 허브, 박사만 1만 2천 명

이처럼 부러움의 대상인 대덕특구는 1973년부터 대덕연구단지라는 명칭으로 조성되기 시작했다. 연구단지 조성 정부 기록에 의하면 당시 이 일대가 최종 입지로 선정된 이유를 이렇게 밝히고 있다.

"첫째, 이곳은 경부·호남 고속도로와 철도의 접점이어서 교통이 편리하다. 둘째, 수원의 확보가 쉽고 평야가 많아 토지조성사업이 용이하다. 셋째, 경관이 아름답고 가까이에 휴양시설이 많아 접근이 쉽다. 넷

째, 전국의 고급두뇌들이 집결하기 쉬운 국토의 중심지다.”

그리고 연구단지가 유성에 입지를 정한 것은 박정희 대통령의 재가를 받아 밑그림이 그려졌다는 것이 정설로 되어있는데, 이 같은 근거는 1971~78년 과학기술처 장관을 지낸 최형섭 박사의 회고록에 잘 나타나있다. 그는 자신의 저서 《불이 꺼지지 않는 연구소》에서 “박 대통령은 풍수지리에 관심이 많아 손수 연구단지 자리를 물색해 주었고, 결국 그의 적극적인 추천으로 입지를 결정했다.”고 밝혔다.

이렇게 해서 건설부는 그해 2월 당시 충남 대덕군이었던 유성읍과 탄동면·구즉면 일대 81만 2천 평(2,680,00㎡)을 교육연구단지로 결정하고 1974년부터 본격 개발에 들어갔다. 현재 대전 유성구인 연구단지 이름에 ‘대덕’이 붙은 것도 당시 행정구역이 대덕군 이었기 때문이다.

어쨌든 이렇게 연구단지가 조성됐고, 국가기관으로서 유성에서 가장 먼저 자리 잡은 터줏대감이 됐다. 그리고 기록에서 당시 박정희 대통령이 우리나라의 과학기술개발에 대한 열망이 얼마나 강했는지도 짐작할

수 있게 한다. 현재 조성된 모습에서 확인이 가능하다. 단순하게 도로 하나만 보아도 그렇다. 최근에 조성되는 신도시도 협소한 도로 때문에 늘 말썽이 나는 것을 보면 지금의 대덕특구는 조성된 지 40년 역사에도 시원하게 뚫린 모습이 조성 당시 연구단지에 대한 포부를 엿볼 수 있게 한다.

면적은 어떤가. 알기 쉽게 표현하면 840만평(27,760,000㎡). 대단한 규모다. 여기에 종사하는 종사자수도 4만 명이 넘는다. 단일 과학단지로는 세계적인 수준이다. 그리고 이곳에 입주한 기관은 2014년 1월 현재 제 1지구 연구단지에 561개 기관, 제2지구 테크노밸리에 667개 기관, 제3지구 대덕산업단지에 344개 기관 등 모두 1,572개 인데, 앞으로 4지구, 5지구에 추가로 입주하는 기관을 계산하면 더욱 많아질 것으로 보인다. 이 많은 기관 중에는 벤처기업이 가장 많이 차지하고 있는데, 현재 637여 개가 넘고 있다.

사이언스페스티벌 '볼거리'

이러한 대덕특구를 상징적으로 보여주는 축제가 있다. 바로 '사이언스페스티벌'이다. 한낮 36℃가 넘는 폭염에 -20℃의 추운 날씨를 경험할 수 있다면…. 생각 만해도 몸이 오싹한다. 그리고 방학을 맞은 아이들과 돔영상관에 앉아 태양계 주변 행성으로 여행을 떠나 다시 지구로 돌아온다면…. 상상 만해도 설레고 흥분된다. 하지만 이런 생각은 단지 상상 여행이 아니라 실제로 체험할 수 있는 프로그램들이다. 해마다 엑스포과학공원에서 우리나라 대표 과학축제로 열리는 '사이언스페스티벌'에 가면 이같은 과학여행을 떠날 수 있다. 엑스포과학공원은 지난 1993년 대전엑스포를 성공적으로 치러낸 대전의 랜드 마크와 다름없는 곳으로 다양한 전시 · 영상관과 과학놀이시설을 갖추고 있다. '대전사이언스페스티벌'은 이를 바탕으로 매년 100여 가지 과학체험프로그램과 20여 가지 다양한 문화 공연이 함께 펼쳐지는 과학문화 종합축제를 열고 있다.

사이언스페스티벌에 해마다 가보지만 가장 기억에 남는 것은 2007년 이다. 당시 '상상! 사이언스 탐구여행'을 주제로 8월 15일부터 5일간 대규모로 개최됐는데, 페스티벌을 찾은 것은 18일. 휴일이었다. 행사장 입구에 들어서자 찌는 듯한 더위에 제일 먼저 한국해양연구원이 연 극지체험에 마음이 끌렸다. 입구를 가득 메운 관람객들 때문에 30분 정도 지나서야 체험관에 들어갔지만 남극 기온을 체험할 수 있다는 기대에 지루하지 않았다. 드디어 체험관에 진입. 밖에서는 더위에 짜증스러웠던 사람들이 추위를 이기기 위해 서로 부둥켜안는 모습은 정말 웃고 싶어도 웃을 수 없는 진풍경이었다.

다음으로 돔영상관에서 펼쳐진 태양계 여행. 돔영상관에 마련된 의자에 반쯤 누우면 천정에 둥근 모양의 영상관에서 펼쳐지는 우주여행이 시작되는데, 실제로 흥미로운 행성들의 표면까지 직접 가보는 착각이 들 정도다. 그리고 돔영상관을 나와 아이들이 조금은 지친듯하여 가슴을 활짝 펴도록 기구를 탈 수 있게 해주었다. 헬륨기구를 이용하여 150m 상공까지 올라가 대기를 직접 느끼고 조망해 볼 수 있는 항공체험은 우리가 사는 대전의 모습을 지도로 보는 것 같았다. '로봇체험교실'에서는 현대 첨단과학의 총아라 할 수 있는 로봇을 이해하고 참가자들이 직접 로봇을 만들어 볼 수 있는 기회도 제공됐다.

봄 페스티벌

2007년 이후 사이언스페스티벌은 봄, 가을로 나누어 개최됐다. 봄에는 4월 과학의 달에 개최하여 사이언스페스티벌의 의미를 더 크게 하겠다는 취지였다. 2010년 봄 페스티벌. 4월 24일부터 2일 동안 개최된 페스티벌은 '그린에너지'에 대한 다양한 체험과 참여프로그램으로 꾸며졌다. 그중 태양열 전문 업체인 (주)디씨아이의 코너는 태양열을 이용하여 달걀을 삶아 시식하는 체험 프로그램으로 하루 5,000개의 계란이 순식간에 없어질 만큼 인기였다. 그리고 대구과학대학에서 개발한 태양광

자전거 시승체험에서는 시승을 위해 하루 종일 관람객들의 줄이 끊이지 않았다. 소수력 발전업체인 (주)진동에서 운영한 인공폭포를 이용한 전력 생산 설비와 대전충남여성과학기술인지원센터에서 운영한 그린에너지배움터와 놀이터는 관람객들의 만족도를 높였다. 또 한국원자력문화재단과 에너지관리공단, 표준과학연구원의 다양한 체험 프로그램도 에너지에 대해 쉽고 재미있게 이해할 수 있도록 했으며, 기능성 게임 존에서는 카이스트에서 개발한 유비쿼터스 다중지능 체험 프로그램과 (주)미디어워크의 체험형 레저스포츠 게임 등도 어린이들에게 인기였다.

가을 페스티벌

가을 사이언스페스티벌도 매력이 있다. 더운 여름 보다는 시원한 바람, 모든 식물들이 결실을 맺는 가을은 과학프로그램을 체험하기에 '딱' 좋다. 2010년 가을 페스티벌도 10월 7일부터 4일간 엑스포과학공원에서 풍성하게 개최됐다. 벌써 13회째. 이제 나이로 보아도 국내 최고의 과학축제로 자리를 잡았다.

'자연을 생각하는 과학'이라는 주제로 펼쳐진 가을 페스티벌은 과학이 자연을 지키기 위해 노력하는 과정을 보여주고, 자연을 기초로 둔 과학 발전과 개발의 모습을 현장에서 직접 느낄 수 있었다. 프로그램은 특별행사, 체험행사, 문화행사 등으로 구성됐는데, 특별행사로 마련된 '과학인의 거리'에는 대덕특구의 훌륭한 과학자들이 사진 속에 등장했다. 그리고 노벨상 수상자 코너에는 과학자가 되고 싶은 청소년들이 얼굴을 내밀고 사진촬영을 하며 잠시 영광의 수상자가 되어보기도 했다.

'과학인의 거리'를 지나면 메인무대에서 각종 공연행사가 관람객들의 발길을 잡았다. 그리고 메인 무대 뒤로 이어진 50여 개 부스에서는 에너지관리공단, 대전충남여성과학기술인지원센터, 대전영재교육발전연구회 등이 참여하는 알찬 과학 프로그램이 진행되어 부스마다 만원을 이루었다. 그리고 로봇 팔 만들기, 내가 만든 확성기, 탄소배출을 줄이는 '나만의 식물화분 만들기', EM으로 천연치약 만들기, 파라핀 손 장갑 만들기 등의 프로그램이 인기를 끌었다.

하지만 봄, 가을로 나누어 개최한 이후 많은 전시관에서 펼쳐진 관람과 이벤트는 볼 수 없었다. 돔영상관에서의 태양계여행, 극지체험관에서의 극지 체험 등. 사실 대전은 과학의 도시다. 대덕특구를 기반으로 지식인 밀집도가 가장 높은 것도 이 때문이고, 세계과학도시연합(WTA)

창설도 어쩌면 당연한 결과인지도 모른다. 그래서 앞으로 대전 발전은 이런 과학 도시로서의 잠재력을 먼저 인식하고 과학페스티벌을 더욱 확대해 나가는 것이 중요하다는 생각을 갖게 한다.

중앙과학관, 거대한 과학나라

국립중앙과학관은 엑스포과학공원 맞은편 대덕대로 변에 위치해있다. 과학관 전체를 관람한 후 느낌은 거대한 과학나라를 여행한 것 같다. 그래서 유성지역 초·중학생들에게 가장 인기이고, 전국에서 유일하기 때문에 대전을 비롯한 전국 각지 학생들의 '과학의 산 교육장'으로 각광 받고 있다. 그런데 과학관을 관람하려면 토요일에 가는 것이 가장 좋다.

우주유영 (Gyroscope Trainer)

우주 비행사가
무중력의 우주공간에서 적응할 수
있도록 도와주는 훈련장치로써
우주비행사가 감퇴야 할 방향감각을
여험 수 있습니다.

이유는 학생의 경우 무료관람이 가능하기 때문이다. 과학관에 도착하면 먼저 상설전시관이 눈에 들어온다. 왼쪽과 오른쪽으로 나누어져 있는데, 오른쪽은 관람에 있어 본관의 의미를 부여해도 좋다. 과학관 관람이 대부분 이곳에서 이루어지기 때문이다. 관람은 3층 자연사와 과학기술사부터 시작한다. 3층에 올라가자마자 우주의 시작을 엿볼 수 있는 사진들이 있어 신비감을 더하고, 초식공룡 트리케라톱스의 골격, 세계의 광물, 보리고래 골격, 각종 조류, 수원 화성과 거중기 등을 살펴볼 수 있다.

2층으로 내려오면 기초과학을 한눈에 볼 수 있다. 각종 자동차가 엔진을 드러내고 관심을 끈다. 그리고 에너지 보존, 컴퓨터 역사 등 기초과학을 이해하는데 큰 도움이 된다. 특히 이곳에서는 기구를 끼워 맞추면서 수학 원리를 체험하는 포디플레임(수학 창의력 교실)이 있어 과학체험기회도 얻을 수 있다. 1층과 지하는 산업기술 발전을 볼 수 있다. 컴퓨터 역사, 매머드 골격 등 다양한 관심거리가 기다리고 있다.

오른쪽 전시관 관람이 끝나면 왼쪽으로 발길을 옮겨 특별전시관을 둘러보는 것이 좋다. 이곳은 그때그때 행사내용에 따라 전시내용이 달라진다. 특별전시관을 나오면 우주체험관에 가서 우주유영체험을 해보자. 대중매체에서 흔하게 듣던 '무중력'이지만 실제 체험하기는 쉽지 않기 때문이다. 우주체험관을 둘러본 후에는 야외에 마련된 천체관과 생물탐구관을 살펴보면 된다.

그리고 중앙과학관에 가면 꼭 권하고 싶은 것이 첨단과학관 관람이다. 첨단과학관은 엑스포과학공원 한빛탑 옆에 위치해있는데, 이곳에 가면 대덕특구에 위치한 전기연구원, 항공우주연구원, 생명공학연구원, 해양연구원, 에너지기술연구원 등 17개 연구소들의 홍보관을 한눈에 볼 수 있어 대덕특구 연구소를 이해하는데 큰 도움이 된다.

과학체험의 백미 '창의나래관'
국립중앙과학관 내에 건립한 창의나래관은 한마디로 과학체험의 백미다. 테마파크의 놀이시설과 함께 즐기면서 무한한 상상력과 창의력을 키울 수 있는 과학체험의 장이다. 기존의 과학관 관람도 유익하지만 창의나래관은 창의력을 극대화할 수 있는 몰입형 체험을 위해 효율적 관람시스템과 쇼앤톡(Show & Talk)안내시스템이 도입되어있어 흥미를 더한다. 규모는 지상 3층, 지하 1층이다. 1층 S그라운드(Science ground)는 전기쇼, 롤링볼, 레이저쇼, 감각의 방 등 주요 전시물로 과학 원리에 재미를 더한 쇼(Show) 중심의 체험공간이다. 관람객들은 이곳에서 어리둥절한 표정을 지으며 과학체험에 몰입한다. 전기쇼는 번개체험을 직접 해보는 행운을 갖게 되고, 암흑의 미로에서는 내부에서 빛없이 어두운 미로를 통과해 나오는 모습이 입구 모니터를 통해 볼 수 있어 웃음을 짓게 하기도 한다. 2층 T그라운드(Technology ground)는 나만의 아바타, 미디어월, 모션캡처, 가상현실라이더, 가상현실골프관 등 IT 기술을 체험하는 인터랙티브(interactive) 매체 중심의 공간으로 미래기술을 경험할 수 있다. 특히 12m나 되는 대형 터치스크린에서 다양한 디지털 콘텐츠를 즐겨볼 수 있는데, 이곳에서 아이들은 가장 재미있어한다. 3층 C

그라운드(Creativity ground)는 전문교육기관이 입주하여 수준 높은 프로그램을 운영하는 워크스테이션과 과학 · 예술 융합교육을 위한 실험공간으로 꾸며져 있다. 또한 3층에는 1927년부터 수집해온 113만 건의 소장물 중 보존 가치가 높은 전시물이 보관된 특별수장고가 있다. 창의나래관은 주황색, 청색, 녹색의 3가지 색을 기본으로 전시관을 꾸몄으며, 주황색은 꿈과 도전을, 청색은 신기술과 미래를, 녹색은 과학실험과 토론을 통한 교육을 상징한다. 또한 창의나래관의 워드마크는 국문 로고의 수직적 교차를 통해 융복합적 사고와 함께 역동적인 과학세계를 표현했다. 1일 2회로 운영되며, 회당 3시간 30분씩 400명으로 입장을 제한하여 깊이 있는 체험을 가능하게 했다. 인터넷 사전예매(www.science.go.kr)로 입장권을 구입할 수 있고, 입장료는 소인 1,000원, 대인 2,000원으로 당일 구입가능하며, 30인 이상 단체의 경우 50% 할인된다.

시민천문대, 신비한 별자리를 보다

유성에서 신성동 연구개발종합운동장에 가면 시민천문대를 쉽게 찾을 수 있다. 바로 종합운동장 맞은 편 좁은 언덕길을 올라가면 시민천문대가 나온다. 가파른 언덕길을 오르자 아담한 건물이 자리 잡고 있었다.

언뜻 보아 우주선처럼 건물 가장 자리 곡선이 예뻐 보였다.

　현관을 지나 마주친 곳은 1층 천체투영관. 이곳은 눕혀지는 의자에 누워 밤하늘을 보는 공간이다. 천체투영기를 통해 낮과 밤을 나누어 보게 되는데, 그동안 알고 있던 밤하늘 별자리를 뚜렷하게 안내 선생님의 설명을 들으며 볼 수 있었다. 낮 하늘에서는 태양과 금성을, 밤하늘에서는 황소자리, 오리온자리, 북두칠성, 큰곰자리 등 수많은 별자리를 확인하는 시간이었다.

　평소 보던 별들과 달리 수많은 별들을 선명하게 보는 순간 학생들은 탄성을 자아냈다. 감탄사를 연발하는 것은 학생뿐만이 아니었다. 함께 온 학생 어머니는 "엄마가 어릴 적 보던 밤하늘 그대로란다". "지금은 볼 수 없지만 엄마가 어렸을 때는 저런 아름다운 밤하늘을 보며 자랐단다"라고 아이에게 이야기 해주며 함께 감동했다.

　천체투영실에서는 우리가 알지 못했던 우주 탄생의 신비도 풀어주었다. 폭발에 의해서 우주가 생겨났고, 계속 팽창한다는 사실. 지금 이순간도 별은 탄생하고 사라지고를 반복한다는 것. 우리 지구가 있는 태양계 주변을 우리 은하계라고 하는데, 이런 은하계가 1천억 개 넘는다는 것. 대단한 사실을 알게 되는 순간이었다.

　이렇게 천체투영실에서 시간을 보내고 3층 주관측실로 이동했다. 주관측실에는 우리나라에서 몇 개 없는 직경 25㎝ 초대형 천체망원경을 통해 태양의 홍염을 관찰했다. 이 자리에서도 안내 선생님은 태양에 관해 간단한 설명을 하며 관찰을 도왔다. 태양은 지구의 109배 크기이고, 1억5천만㎞ 떨어진 거대한 행성이다. 수소와 헬륨으로 표면은 6천도, 중심부는 1천5백만 도의 상상할 수 없는 온도라는 사실도 알려주었다.

　주관측실을 나와 반대편으로 가니 보조관측실이 있었다. 그곳에서도 안내 선생님의 설명과 함께 태양의 흑점을 관찰했다. 보조관측실에서 관찰을 끝내고 2층 전시실로 이동했다. 전시실에는 태양계의 중력 저울, 별의 일주운동, 오로라, 목성의 대기변화 등의 설명이 자세히 되어 있었다.

지질박물관에 공룡이 산다?

대덕특구 내 박물관은 볼거리가 풍성하다. 지구의 구성물질인 각종 광물, 암석, 화석과 같은 지질표본을 한눈에 볼 수 있는 박물관은 초·중·고등학생에게는 가장 좋은 교육 장소로 2001년 11월 9일 개관 이후 꾸준히 사랑 받고 있다. 특히 다양한 공룡을 실제 크기로 볼 수 있어 교육적 효과도 크고 주말 나들이 코스로도 안성맞춤이다.

휴일 나른한 오후 지질박물관에 가서 전경을 바라보았을 때 건물 모양은 공룡의 형상이었다. 실제로 박물관은 공룡 중의 하나인 '스테고사우러스'의 등뼈모양으로 디자인했다고 한다. 그리고 지하 1층, 지상 2층 규모로 중앙 전시홀과 3개의 주전시실, 영상실로 구성되어 있고, 야외 전시장도 갖추고 있다.

먼저 재촉하는 아이들과 함께 박물관 내부로 들어갔다. 입구 오른쪽으로 진한 푸른색의 대형 지구본과 마주쳤다. 이 지구본은 지름이 7m이고 해저지형을 나타내기 위해 특별히 제작된 것이라고 한다. 지구본을 관람한 후 제 1전시실로 들어가기 전 마주친 것은 중앙홀에 우뚝 서있

▓ 티라노사우러스

는 집체만한 크기의 티라노사우러스, 에드몬토니아 표본이다. 왼쪽에 서 있는 12m 규모의 거대한 '티라노사우러스' 공룡화석은 미국 진품화석을 복제한 것이라고 한다. 그 옆으로 다른 공룡화석이 있음에도 불구하고 이 티라노사우러스 공룡은 남녀노소를 막론하고 관람객들에게 단연 인기이다. 그리고 '중앙홀 입구에는 공룡이란 무엇일까?'란 설명판넬에 공룡 골격의 주요 명칭이 자세히 표기되어 있고, 그 옆에 디플로도쿠스의 두 개골이 복제되어있다.

공룡화석에 빼앗긴 마음을 뒤로하고 제 1전시실로 들어가면 '우주와 지구'를 시작으로 '지구의 내부구조'등 지구에 대한 이해와 화석을 통한 생물의 진화 및 지구의 역사를 알아 볼 수 있도록 전시되어 있다. 그리고 지표면과 지각운동에 대해 머릿속에 쏙 들어오도록 잘 설명한 문구가 눈에 들어온다. 이를 소개하면 "생명체가 지구에 터를 잡기 훨씬 전 지구는 수 없이 많은 운석이 떨어지는 불구덩이였다. 지구가 식으면서 바다가 생기고, 물이 지구를 순환하면서 물에 의한 침식·운반·퇴적작용으로 지구 표면은 변화하기 시작한다. 여러 개로 갈라진 판은 이동하면서 화산활동과 지진을 일으켜 새로운 지각과 거대한 산맥을 만든다. 지구의 겉모습은 이러한 지진작용의 산물이다."라고 설명하고 있다.

1층 전시실을 나와 2층 계단을 오르기 전에 마주친 것은 스테고사우러스 화석. 당장이라도 벌떡 일어날 것 같은 느낌이 들 정도로 모습이 생동감 있다. 계단을 따라 올라간 제 2전시실은 국내외 희귀한 광물과 보

석은 물론 암석의 형태와 종류, 이용분야 등과 함께 지질학적인 현상을
나타내는 화석들도 전시되어 지질분야의 학습효과를 높이고 있다. 박물
관 측은 지질분야에 관심이 많은 사람이라면 박물관 관람 후 부속건물인
'시료관리동'을 권하고 있다. 박물관 보다 큰 1천 평(3,300㎡) 규모의
시료관리동은 95년 역사를 자랑하는 한국지질자원연구원이 그동안 전국
각 지역의 지질과 자원연구를 하면서 시추 · 채집한 시료들을 체계적으로
보관 · 관리하기 위한 곳으로서 종합 지질표본도서관 역할을 하고 있다.
박물관은 매주 일요일, 공휴일 다음날은 휴관한다.

화폐박물관, 화폐 변천사 '한눈에'

세상에서 가장 소중한 것은 무엇일까. 그것은 누구도 부인할 수 없이
우리 인간이고, 그 생명일 것이다. 그리고 다음으로 돈을 꼽을 수 있다.
첫 번째로 꼽은 사람은 자연 속에서 늘 주체였기 때문이다. 그리고 돈은
사람이 살아가는데 모든 실생활에서 물질의 가치판단 척도가 되기 때문이
다. 심지어 법원에서도 사람이 잘못을 하면 신변을 구속하는 것 다음으로
돈으로 벌금형을 먹이지 않는가. 이처럼 오랜 역사 동안 인간이 소중하게

사용해온 돈을 종류별·시대별로 전시해놓은 곳이 바로 구성동에 있는 화폐박물관이다.

화폐박물관은 지질박물관을 관람하고 나와 카이스트 쪽으로 방향을 잡아 달리면 되는데, 불과 300m도 안 된다. 바로 카이스트 동문 앞쪽에 위치하고 있고, 이곳에서는 국내외 화폐의 변천사 등 화폐문화를 한눈에 볼 수 있다.

1층에는 주화역사관이 있어 화폐의 기원, 고대 주화, 한국은행 주화, 해외 특이 주화들이 전시되어 있다. 그리고 조선시대 주화 주조 모형을 통해 우리 조상들이 돈을 어떻게 만들어 왔는지 알 수 있어 흥미롭다. 2층에는 지폐역사관이 있다. 지폐의 역사를 볼 수 있고, 일본 제일은행권, 해방 전 조선은행권, 구 한국은행권을 볼 수 있다. 그리고 은행권과 그것의 제조공정도 한눈에 볼 수 있다. 뿐만 아니라 특수제품관에서는 국내외 우표, 훈장, 메달에 이르기까지 한국조폐공사에서 만들어낸 각종 제품들이 전시돼 있다. 또 「대전엑스포93」조폐문화관의 전시물 일부도 이곳에 있으며, 모두 5개의 전시실에 8만 점의 자료를 소장하고 있다.

그리고 가끔씩 뉴스에 등장하는 위조지폐에 대해서는 별도로 위조방지홍보관이 있어 재미를 더한다. 위조란 무엇인가, 위조방지의 체험, 분야별 위조방지 요소 등을 직접 볼 수 있다. 박물관은 매주 월요일과 1월 1일을 제외하고 연중 문을 연다.

어은동산·과학로에서 '秋'만끽

나의 취미는 산책이다. 산책은 몸과 마음에 건강을 가져다주기 때문에 좋아한다. 평소 주말이나, 평일 점심식사 후 카이스트 쪽문에서 시작해 어은동산을 다녀오는데, 사계절 모두 편안한 코스라서 마음에 간직하게 됐다. 특히 가을철 어은동산 산길은 '바스락'소리가 들릴 만큼 낙엽이 많이 쌓이는 곳이다. 길이는 700m 정도 될까. 짧은 거리라서 힘들지 않고 오랜 시간이 걸리지 않아 지루하지도 않다.

단풍이 예쁜 과학로

어은동산의 산길은 정겹고 아름답다. 더욱이 카이스트는 세계적인 석학들이 모여 있는 곳이 아니던가. 산길을 걷다보면 머리 결이 하얀 노 교수님도 만나고, 다른 나라에서 초빙되어 온 외국인 학자도 만난다. 그야말로 과학도시의 분위기가 물씬 나는 곳이다. 그리고 얼마 전에 전망대가 세워져 산책과 조망의 즐거움을 함께 맛볼 수 있다. 전망대에 서면 발아래 대형 분수와 카이스트 정문이 보이고, 정문 뒤로는 갑천이 흐르고, 더 멀리 서구도 한눈에 들어온다. 동산 정상에 도착하면 원두막도 만난다. 원두막은 원목으로 지어졌고, 어린 시절 참외 밭을 연상 할 만큼 그 모습이 정겹다.

가을철 또 하나 산책 코스를 추천하면 '과학로'다. 햇볕이 따사로운 가을날, 카이스트에서 시민천문대까지 이어지는 대덕특구 '과학로'를 산책하며 가을을 느껴보는 것도 재미있는 이벤트다. 19세기 초 베토벤이 6번 교향곡 '전원'의 악상과 영감을 찾아 빈 하일리겐슈타트의 산책길을 걸은 것처럼, 만추에 낙엽 깔린 과학로에서 잠시 과학자가 되어 사색을 즐겨보는 것도 좋은 일이다.

생각하며 걷는 '대덕사이언스길'

올레는 언론인 서명숙씨가 고향 제주에 돌아가 고향사랑을 위해 시작한 일인데, 제주의 아름다운 바다를 보며 걷는 길이 또 하나의 관광 상품으로 자리 잡았을 만큼 인기다. 그런데 대덕사이언스길은 제주의 올레와는 조금 다르다. 한마디로 표현하면 제주가 아름다운 길이라면 대덕사이언스길은 사색의 길이다. 그 광활한 대덕특구와 함께 자리하고 있는 산과 공원이 하나의 길로 연결되어 있어 길을 걸으면서 연구소도 보고 아름다운 산길에 감동하기도 한다. 그리고 박사급 연구원 수만 명이 연구하는 대덕특구, 그 사이사이 올레는 저절로 과학자가 되어 깊은 사색에 빠지게 한다.

제주의 올레처럼 대덕사이언스길도 이름을 붙이기 전까지는 평범한 등산로였다. 그런데 대전에도 올레가 필요하다는 인식이 확산되면서 대전시에서 처음으로 대청댐 주변에 올레를 만들었고, 두 번째가 대덕사이언스길이

다. 정식으로 문을 연 것은 2011년 6월. 특구 안에 있는 주요 산·공원·산책로를 하나로 연결해 등산과 레저는 물론 자연학습까지 가능한 길로 탈바꿈했고, 2개 코스 총 21.1km로 코스별 소요시간은 3시간 정도다.

먼저 1코스(매봉~우성이산길)는 엑스포과학공원(꿈돌이랜드)-우성이산-화봉산-화암4가-태전사-대덕대뒷산-대덕대로(고개)-표준과학원(정문)-매봉공원(정상)-교육과학연구원-엑스포과학공원(꿈돌이랜드)구간으로 11.2km다. 2코스(신성~성두산길)는 중앙과학관(주차장)-원자력안전기술원-구성산성-과학고입구-탄동천(화폐박물관)-지질박물관입구-연구단지운동장-시민천문대-신성공원(정상)-충남대농대(고개)-궁동공원-유성구청-중앙과학관(주차장)구간으로 10km다.

특히 대덕사이언스길에는 안내판·편의시설·안전시설·조망시설 등이 잘 갖춰져 있으며, 성두산 공원 등에는 자연 생태를 배울 수 있는 자연학습장으로도 손색이 없다. 그리고 기존 등산로와 차별화해 산과 공원, 하천은 물론 특구 과학관련 시설을 둘러볼 수 있는 다양한 노선으로 연결되어 있다.

여행길잡이

교통

국립중앙과학관

내비 – 대전광역시 유성구 대덕대로 481. ☎042)601-7894. **대중교통** – 간선:104번, 604번, 301번, 318번, 705번, 606번. 마을버스 5번. **지하철** – 정부청사역에서 버스환승 또는 택시이용. **버스환승** : 정부청사역 3번 출구 둔산경찰서 정류장에서 301번, 318번, 604번. **택시** – 정부청사역 3번 출구에서 이용.

시민천문대

내비 – 대전광역시 유성구 과학로 213-48. ☎042)863-8763. **대중교통** – 대전시민천문대 경유 시내버스(천문대 하차) 604번. **대전시민천문대 인근 경유 시내버스**(한화석유화학연구소 하차) 121번, 606번, 704번, 911번.

지질박물관

내비 – 대전광역시 유성구 과학로 124. ☎042)868-3797~8. **대중교통** – 도시철도 이용 판암~반석. 정부청사 하차(604번 환승 : 정부청사역 승차 → 한국생명공학연구원 하차), **시내버스** 101번, 604번, 514번, 102번.

화폐박물관

내비 – 대전광역시 유성구 과학로 80-67. ☎042)870-1200. **대중교통** – 대전역 기점(도시철도 이용: 반석 방향) 정부청사역 하차(3번 출구) 301번 또는 318번 환승 후 엑스포 과학공원 하차 → 도보 15분 604번 환승 후 원자력안전기술원 하차. **대전복합터미널 기점(시내버스)** 106번: 갤러리아백화점 타임월드 하차→604번 환승 후 원자력안전기술원 하차. 102번 : 정부청사역 하차 → 604번 환승 후 원자력안전기술원 하차.

어은동산

내비 – 대전광역시 유성구 대학로 291 KAIST ☎042)350-2114. **대중교통** – 시내버스 104번, 121번, 604번. 정부대전청사 정류장에서 604번 승차 → KAIST 동문 건너편(원자력안전기술원 정류장) 하차. 유성시외버스터미널(소요시간 : 약 35분) 터미널 길 건너 유성시외버스정류장에서 121번 버스 승차 → KAIST 정문 하차.

단풍든 **대전현충원**

푸른 하늘에 넋이 되어…

이 나라를 지키고 늘리기 위해
목숨을 다해 애쓰다가 가신 이들
인제는 여기 계룡산에 묻히시어
푸른 하늘의 넋으로만 우리 미래를 지키시나니
여기를 지나는 이 겨레의 남녀노소들이여!
침묵 속에 울려오는 이 분들의 당부를
우리는 한때라도 잊어서는 아니 될지니라.

– 서정주 《대전현충원 준공 기념비》

유성에 현충원이 있다는 것은 늘 자부심이었다. 전쟁이나 기아와 같
이 국가가 직접 나서서 해결해야하는 일들이 없는 요즘 시대에는 나라의

나라를 위해 목숨을 던진이들이 잠들어 있는 곳.
이곳에 올 때마다 애국애족을 생각하게 한다.

소중함을 느낄 수 있는 기회가 적다. 그런데 유성에는 가까이에 조국을 위해 목숨을 바친 애국자들이 잠들어 있는 현충원이 있어 다행스럽다. 특히 자라나는 어린아이들에게는 더욱 그렇다.

늘 바쁜 직장생활을 핑계로 한해 두해 그냥 지나가버렸지만 이제 아이들도 현충원에 대한 이해가 필요한 나이가 되어 그동안 미뤄왔던 현충원 나들이를 하게 됐다. 아침을 일찍 먹고 서둘러 발길을 재촉했다. 20여분 정도 달렸을까. 곧바로 유성 도심을 벗어나 현충원이 한 눈에 들어왔다.

멀리서 바라본 현충원은 풍수의 문외한인 내가 보아도 천하의 명당자리처럼 보였다. 전문가들의 견해에 의하면 명산 계룡산 자락의 문필봉이 빚어낸 어여쁜 옥녀봉과 그 맞은편에 군왕의 자태로 앉아 있는 왕가봉 사이에 좌청룡·우백호의 능선, 여기서 시작되는 물줄기가 묘역을 굽이돌아 서로 만나 내를 이루는 형국. 그래서 이곳의 지세는 마치 임금이 옥녀가 받드는 금반을 대하는 듯한 모습이라는 것.

현충원 입구 인도에는 이른 오전인데도 참배객들이 서서히 몰려들기 시작했고, 도로변에는 꽃을 파는 상인들과 꽃을 실은 트럭들이 장사진을 치고 있었다. 노란국화·흰국화·조화 등이 트럭에 가득한 것을 보면 오늘 하루 동안 현충원을 참배하는 사람들의 숫자를 짐작할 수 있게 했다.

사실 우리처럼 배움의 기회를 얻기 위해 찾는 사람들에게는 그저 하루정도 시간을 내어 와보지만 묘지에 잠들어있는 수많은 호국영령들의 가족과 지인들은 정말 가슴 아프고 뼈저리게 그리움이 사무친 곳이 아니겠는가.

곳곳에 호국 분위기 물씬

천마웅비상

현충원 입구에 '國立墓地'라고 쓴 큰 비를 지나 처음으로 마주친 것은 '천마웅비상'. 순국선열과 호국영령의 거룩한 넋을 영원토록 간직하고 약진과 번영으로 이끌어간다는 염원을 담고 있는 '천마웅비상'은 쭉 뻗은 모습처럼 당장이라도 하늘을 향해 힘차게 달려갈 듯 서 있어 이곳에 잠재된 힘찬 기운을 느낄 수 있게 한다.

그리고 도로 옆 야외 전시장도 지나는 이들의 발길을 잡는다. 넓은 잔디밭에 조성된 이곳에는 전투기, 전차 등 전쟁 때 사용했던 실제 전투 장비를 전시하고 있어 그 당시 치열했던 전투의 흔적들을 알 수 있게 한다.

'야외전시장'을 지나 안으로 향해 왼쪽으로 들어가자 '호국 분수탑'이 보인다. 호국 분수탑은 녹지광장의 중앙에 위치해 현충탑·홍살문과의 상호조화를 이루면서 엄숙한 분위기를 연출하고 있고, 연국상인 11인의 청동군상이 시선을 끈다.

특히 지구를 떠받들고 있는 조각상의 강인한 팔에서 희생과 봉사로 일관하며 조국건설의 초석이 됐던 그들의 강인함을 느낄 수 있다. 그리고 그 아래에는 호국영령의 영원한 안식을 기원하는 십장생 투조, 하단에는 시원한 분수를 타고 승천하는 용의 부조물로 이루어져 있어 신비함까지 준다.

분수탑을 지나면 현충문을 만난다. 이곳에 들어서자 드디어 우뚝 솟은 현충탑이 보인다. 현충탑은 순국선열과 호국영령의 충의와 위훈을 기리고자 세워진 탑으로서 민족의 성역인 대전현충원을 상징하고 있다. 높이가 43m나 되는 이 탑은 우리 선조들의 찬란했던 전통문화와 자랑스러운 현대문화, 그리고 웅비하는 영광된 미래를 나타내고 있다. 곧게 솟은 탑의 모습은 그야말로 순국선열들의 그 높았던 기상을 보여주는 듯해 그 위엄에 저절로 머리가 숙여진다. 그리고 현충탑 내부에는 유해를 찾지 못한 호국영령들의 이름을 새긴 위패와 조국을 위해 산화하신 무명용사의 유해를 봉안하는 납골당이 있으며, 그 위로는 호국영령의 승천을 기원하는 선녀상이 서있다.

현충탑을 나와 전체 묘역을 돌아보기 위해 다시 위쪽으로 향하자 왼쪽으로 현충관이 보였다. 이곳은 안장식이 열리는 곳으로, 안장식이 있는 날에는 현충원장이 직접 주관하고 유족들과 애국단체 관계자들이 함께 참여해 헌화 분향하는 순으로 엄숙하게 치러져 먼저 가신 애국자들의 혼을 달래준다.

현충관을 본 후 손기정 선생님 추모 단풍거리인 메타세콰이어길을 걸어보았다. 이름은 '충의 길'. 아름다운 그 단풍나무 길은 조국의 소중함을 일깨우는 명상의 길이었다.

'보훈산책로'도 걸어보자

나는 죽었노라,
스물다섯 젊은 나이에
대한민국의 아들로
나는 숨을 마치었노라
질식하는 구름과
바람이 미쳐 날뛰는
조국의 산맥을 지키다가
드디어 드디어 나는 숨지었노라

— 모윤숙 〈국군은 죽어서 말한다〉

 '충의 길'을 걸은 후에는 새롭게 조성된 '보훈 산책로'에서 산책을 시작
해보는 것도 좋다. 휴게소와 해태 조각상이 마주보는 샛길로 오르면 산
책로가 열린다. 바닥은 작은 쇄석을 깔고 그 위에 나무 조각을 두텁게 덮
은 길이어서 걷는 느낌이 좋다. 그리고 산책을 하면서 만나는 보훈과 관
련된 시나 노랫말은 마음을 더욱 경건하게 만든다. 윤동주, 이육사 시인
의 주옥같은 시를 이곳에서도 감상할 수 있다.

 산책하는 시간 내내 피톤치드(phytoncide) 향을 맡을 수 있는 것도
행운이다. 가장 산림욕 효과가 좋은 울창한 소나무 숲, 초록 잎사귀가
아름다운 대나무 숲길, 그리고 야생화의 아름다움이 신선하고 맑은 풍
욕의 즐거움을 만끽하게 한다. 작은 계곡엔 나뭇등걸로 만든 다리가 운
치를 더하고, 이름 모를 새들도 만난다.

 산책길 중간 중간에 마련되어 있는 쉼터에서 접하는 작은 안내판의 글
귀도 감동을 준다. '국군은 죽어서 말한다'라는 싯구절 부터 '월남에서 돌
아온 김상사'라는 노랫말까지 애국과 충정의 정을 담뿍 담았다. 보훈 산
책로는 1시간 30분 정도 걸린다.

자리 뜨지 못하는 미망인 '눈시울'

이처럼 현충원 경내에는 가는 곳 마다 조국수호에 대한 좋은 글들을 만날 수 있어 호국공원의 분위기가 물씬 난다. 그리고 이곳들을 제외한 대부분의 묘역들은 항일운동에 생애를 바치신 순국선열과 애국지사묘역, 국가와 사회발전을 위해 헌신하신 국가유공자묘역, 자유 수호와 국토방위를 위해 산화하신 군인들이 안장된 장군묘역, 장교묘역, 부사관·사병묘역, 사회질서 임무를 수행하다 순직하신 경찰관묘역, 그리고 국민의 생명과 재산을 보호하다 순직하신 분들을 모신 일반묘역 등으로 조성되어있다.

오늘은 휴일이어서인지 참배객들은 평소 보다 몇 배 많은 것처럼 보였다. 수많은 묘지에 가족들이 남기고 간 꽃들이 정성스럽게 놓여 있었고, 아직 자리를 뜨지 못하며 슬픔에 잠겨 있는 노모의 모습, 묘비를 닦으면서 상념에 잠긴 젊은 미망인의 모습은 더욱 가슴 애절하게 했다. 그래서 더욱 준공기념비에 쓰여진 글이 잊혀 지지 않았다.

'남녀노소들이여! 침묵 속에 울려오는 이 분들의 당부를 우리는 한때라도 잊어서는 아니 될지니라.'

여행길잡이

교통   내비-대전광역시 유성구 현충원로 251. ☎042)718-7114. 지번)대전광역시 유성구 갑동 산 23-1.   **대중교통** - 대전역에서 107. 서대전역 612번. 대전복합터미널 102번. 서부시외버스터미널 113번. 유성고속버스터미널 107번. 48번. 유성시외버스터미널 107번. 48번.

주변 볼거리   '유성컨트리클럽'하면 박세리 선수가 먼저 생각난다. 이곳 출신인 박 선수가 IMF 당시 우울했던 국민들에게 용기를 북돋아 주었기 때문이다. 이처럼 박세리 선수와 함께 유명해진 유성컨트리클럽은 1975년 유성관광주식회사로 출발해 이듬해 1976년 18홀을 개장해 현재까지 중부권에서 가장 인기 있는 골프장이 됐다. 유성컨트리클럽이 인기를 끌고 있는 이유는 도심에 있어 도시와 자연이 공존하는 자연생태를 유지하고 있다는 점. 드넓은 대지의 탁 트인 코스를 통해 다이내믹한 업다운 코스에서 항상 새로운 라운드를 창출한다. 그래서 골프를 치기 위해 유성에 오는 관광객들이 적지 않다. 유성 시내에서 동학사 방면으로 달리다가 국립대전현충원을 지나자마자 왼쪽으로 오르막길을 오르면 된다. ☎042)822-7103

겨울

눈 내린 겨울 **방동저수지**

철새들과 어우러져
낭만 가득

　방동을 생각하면 기분부터 좋아진다. 아마 이것이 방동의 이미지일 것이다. 대전은 대도시인데도 이처럼 아름다운 저수지 풍경을 만끽할 수 있다는 것은 유성 사람, 대전 사람의 행운이 아닌가 싶다. 그런데 방동은 저수지를 끼고 있는 음식마을만을 이야기하지는 않는다. 행정구역을 살펴보면 방동1통(하세동), 2통(방죽골), 3통(나무골), 4통(삼한이), 5통(새우내)으로 나누어져 있다. 그중 음식마을은 방동을 대표하는 이미지이고, 오래전부터 많은 사람들의 사랑을 받아왔다.

대표 이미지는 '음식마을'

방동을 대표하는 마을은 음식마을이다. 이 마을 이름은 새우네. 그런데 대전 시민들 사이에서는 방동 저수지의 아름다움과 어울려 조성된 많은 음식점들이 있기에 '음식마을'로 부른다.

이 마을이 사랑받게 된 것은 지금으로부터 30년 전인 1980년 초. 당시만 해도 전원 풍경 보다는 도시적인 곳이 인기를 끌던 시절이었다. 그런데 산업화가 급속히 진행되면서 사람들은 피곤한 일상을 달래줄 농촌 풍경을 그리워하게 되고, 이와 맞물려 음식점들도 가든 형태가 많아지기 시작한다. 아마 방동 저수지를 끼고 있는 이 마을에 음식점이 생겨난 것도 이 무렵 이었다.

초창기 음식점을 연 방동가든 양범석씨는 몇 번의 개인 사업에 실패하고 마지막으로 방동으로 들어와 음식점을 시작해 성공한 사람이다.

"당시는 지금처럼 도시가스가 아니라 열탄으로 고기를 구워 손님상에 올리던 시절이었는데, 시간이 지나면서 단골손님이 늘기 시작했습니다. 이후 음식점들이 하나 둘씩 늘어나면서 점차 이 마을이 음식마을로 탈바꿈했습니다"

30년 넘게 한자리에서 음식장사를 한 양범석 씨는 지난 세월을 이같이 회고하고 "방동 음식마을이 인기 있는 것은 음식 종류가 대부분 자연 그대로 식품을 손님상에 올리기 때문"이라고 말했다. 사실 음식마을 주차림표들은 토속적인 것이 많다. 염소, 토끼, 미꾸라지, 오리, 민물 매운탕, 소고기 등이다. 그리고 방동가든은 추억의 '주물럭'이 인기다. 그리고 대부분 음식점들은 자리에 앉아 창밖을 바라보면 저수지가 보인다. 한마디로 전망이 좋다.

눈 내린 저수지 풍경 '좋다'

여름에는 저수지 옆에 앉으면 시원한 바람이 불어 좋다. 그리고 더 좋은 것은 겨울. 특히 눈 내린 겨울은 드넓은 평원을 보는 듯하다. 눈 쌓인 저수지 위로 예쁜 가든 들이 어우러져 사진을 찍으면 한가로운 풍경이 아름답다. 풍경이 이토록 아름답다 보니 추운 겨울이지만 식사 후 저수지 주변을 산책하는 사람들도 많다. 차가운 바람에 스카프가 날리고, 멀리 보이는 곳에서는 겨울 철새들이 한가롭게 무리를 지어 먹이를 찾고….

한 때 이곳은 저수지가 아름다워 조경연습장, 또는 워터골프장 등을 조성하기 위해 검토된바 있다. 하지만 그렇게 사용하기 위해서는 소유자인 농어촌진흥공사와 소유권 문제에 대한 문제 해결이 이루어져야하는데, 쉽지 않아 구상으로 만 그치고 말았다. 어쨌든 장기적으로 친환경적인 놀이시설은 충분히 설득력이 있어 보인다. 아마 도시가 더 확대되면 이런 논의도 더 활발해지지 않을까 예측해본다. 방동 저수지 개발도 중요하지만, 있는 그대로 현재의 모습을 사랑하는 사람들도 많다. 마음이 답답할 때 차를 몰고 가보면 가슴이 탁 트인다. 도시의 복잡한 환경에서 벗어나 기분전환이 된다. 이런 맛 때문에 사람들은 방동저수지를 좋아하는 것 같다.

저수지 이전에는 '천(川)'이었다

"저수지가 생기면서 우리 마을은 명당 터가 되었습니다."

저수지 이야기가 나오자 일생을 이곳에서 살아온 이주석 씨는 마을 풍수에 대해 막힘없이 이야기 보따리를 풀어놓았다.

"저수지가 생기기 전에는 천이 산 밑으로 흐르고 있었습니다. 그래서 물이 흘러 내려가니 풍수로 볼 때 그리 좋지는 않았죠. 하지만 저수지가 생기고 나서는 물이 고여 있어 항상 풍성해 보여 이곳이 풍요로운 마을이 되었습니다. 그 이후로 음식마을로 변해 모든 사람들이 이전보다 풍족하게 살아갑니다"

이 씨의 해석도 일리가 있어 보인다. 대부분 풍수 전문가들의 말에 의하면 '명당 터는 물이 들어오는 것은 보이지만 빠져나가는 것은 보이지 말아야 한다'는 것이 공통된 의견이기 때문이다. 그리고 이 일대에 큰 홍수가 지면서 천이 새로 마을 앞쪽으로 바뀌었다고 한다. 그래서 마을 이름이 '새로 천이 생겼다'해서 '새우내'라고 이 씨는 말한다. 하지만 다른 기록에 의하면 '금곡천 동쪽 가에 있는 새로 된 마을이라 하여 그렇게 부른다'는 주장도 있다. 어쨌든 새우내, 음식마을은 탁 트인 전망 덕분에 아름다워졌다.

예부터 풍류가 있던 곳

방동(芳洞)의 방(芳)자는 꽃다울 방 자(字)다. 지명에 꽃의 의미를 넣은 것은 아마 이 지역이 아름다운 곳이라는 표현을 하고자 했던 것 같다. 기록(《선비고을 유성이야기》)에 의하면 "삿갓집은 두계천이 흘러와서 남쪽으로 물굽이를 돌리는 그 북쪽에 있는 마을인데, 주막이 있었던 마을로 유명하다. 옛날 과거를 보기 위해 전라도와 경상도 그리고 충청도 이남에서 한양으로 올라가던 세 선비가 이 삿갓집에서 함께 묵게 되었다고한다. 그들은 육각형으로 된 이 집에서 술을 마시고 친구로서의 인연을 맺게 되었는데, 뒷날 이집에 묵어 친구로 사귄 것을 정표로 삼기 위해 삿갓 모양의 이 집을 삿갓집이라 불렀다고 한다. 그리하여 일명 삼남삿갓

집이라고 불렀다고 한다"

여기서 방동이 현대에도 대전시민의 사랑을 많이 받고 있는데, 아주 오래전 조선시대에도 풍류와 멋이 있어 사람들의 사랑을 받았지 않았나 생각하게 된다. 이런 유추는 결코 억지가 아니다. 아름다움을 예찬한 기록이 또 있다.

"삼한이는 저수지 동쪽에 두고 그 물가에 자리한 마을이다. 한때 사화에 쫓긴 선비가 복권되어 조정으로 나아갈 때 '조정인 들이 여기 삼한만 하랴'고 했다 한다. 일을 하면 배불리 먹을 수 있으니 일한이요. 물이 좋아 장수하니 이한이요, 듣기 싫고 보기 싫은 것 안 듣고 안보니 삼한이라는 세 가지의 편안함이 있어 삼한이 되었다"

이처럼 예찬하는 기록이 많은 방동은 조선시대 초기 진잠현에 속했다가 조선시대 말기에는 진잠군 서면의 지역으로서, 지형이 방과 같으므로 방골 또는 방동이라 했다. 1914년 행정구역 개혁 때 하세동, 하성, 북리, 신천리의 각 일부와 상남면의 금곡리 일부를 병합하여 방동리라 하고, 대전군 진잠면에 편입됐다.

여행길잡이

교통　**내비** – 대전광역시 유성구 성북로 58.
대중교통 – 시내버스 41번.

먹을거리　**방동 저수지**에는 대형 맛집들이 있다. 그리고 이들 맛집에서는 돼지고기, 매운탕, 어죽 등 입맛 나는 전통음식들이 인기다. 그중에서도 이곳에서 처음 음식점을 연 '방동가든'에 추억이 많다. 이집은 '계룡산 주물럭'으로 유명해졌다. 방동 가든 주변으로 새로 생긴 집도 있고, 넓은 정원을 가진 맛집도 있다. 저수지에서 조금 나와 다리를 건너면 독특한 '나무 사이로'가 있는데, 직접 농사지은 식재료를 사용해 20년 동안 건강밥상을 만드는 유황오리 진흙구이 전문점으로 유명하다. 또 '다솜차반'은 토속한정식 전문점이다. '다솜차반'은 사랑으로 차린 차와 음식이란 뜻이라고 한다.

가난을 물리친 **세동 상추밭**

상추가 사람을 기른다

    한겨울 유성의 풍경은 눈 쌓인 '세동상추'비닐하우스 단지가 볼만하다. 겨울 풍경이 낭만적이기도 하지만 도시에서 느낄 수 없는 시골 사람들의 땀과 희망을 엿볼 수 있는 곳이어서 좋다.

    세동지역은 유성의 중심부에서도 한참 떨어진 오지다. 유성에서 진잠을 지나면 방동저수지가 눈에 들어오고, 조금 더 달리면 계룡시가 나오는데, 세동은 계룡시 전에서 우회전해서 들어가야 된다. 그러면 제일 먼저 헤아리기 어려울 정도로 많은 비닐하우스를 만난다.

수 백동 비닐하우스 '장관'

    그런데 자세히 보면 비닐하우스는 예사롭지 않다. 언뜻 보아도 수 백동은 넘어 보이는 대규모로 하나의 큰 비닐하우스 단지다. 지나다 멈춰

한 젊은 전도사의 권유로 시작한 상추재배.
그것은 작은 농촌마을 사람들에게
4계절 안정된 영농수입을 가져다 주었다.
그리고 그 돈은 도회지에 나가 공부하는 자식들에게
장학금이 됐다.

비닐하우스 안으로 들어가면 먹음직스럽게 자란 상추가 하우스 안을 가득 채우고 있는데, 이름 그대로 '세동상추'다.

세동 지역은 지역적 특성과 기후적인 요소가 상추가 자라는데 적합하여 다른 지역의 상추와는 크게 다르다는 것이 재배 농민들의 귀 띔이다. 이미 전국에서 품질을 인정받아 소비자들로부터 인기를 끈 지 오래고, 그 인기의 비결은 맛과 품질이 우수하기 때문이라고 한다.

상추 잎이 두터워 아삭아삭 씹히는 맛이 좋고, 씹으면 씹을수록 고소한 맛이 느껴져 입맛을 더욱 자극한다. 세동상추가 신뢰받는 이유 중 빼놓을 수 없는 것은 철저한 농약안전검사를 실시한 후 출하한다는 점이다. 이렇게 친환경적으로 상추를 재배하는 농가는 현재 1백여 농가에 달하고, 이들 모두 짧게는 수년, 길게는 30~40년을 상추만 재배해오고 있다. 연간 생산량이 2천5백여 톤에 달한다고 하니 그 규모를 짐작하기에 어렵지 않다.

60년대 김은규 전도사 권유로 시작

세동지역에서 상추를 처음 재배하기 시작한 것은 1968년. 지금으로부터 42년 전이다. 당시 이 지역은 도로에서 많이 떨어져 있고, 주변은 높은 산으로 둘러싸여 있어 전혀 발전 가능성도 없고 험악하기까지 했다. 그런데 지금처럼 이곳의 농민들이 부농으로 탈바꿈하게 된 것은 한 전도사의 덕분이라고 한다. 주인공은 김은규 전도사. 당시 이곳에 와 교회를 설립하고 헐벗고 못사는 동네사람들을 위해 상추 재배를 권유하면서 시작되었다. 그 때부터 현재까지의 변화와 발전을 초창기 상추재배 농민인 전영림 새마을 지도자는 이렇게 회고한다.

"처음에는 회덕에 있었던 기독교농민학원에서 김은규 전도사의 권유로 3명이 1년 동안 강의를 받고 상추를 재배하기 시작했다. 이후 학원에서 융자를 알선해줘 10가구로 늘어난 것이 1971년이다. 1978년부터는 농협 융자가 가능했고, 재배농가가 25가구로 늘어났다. 그렇게 재배 농민이 증가하면서 당시 대전시의 상추 시장의 80%를 차지할 만큼 많은 량을 생산해냈고, 자체적으로 출하 조절도해 농민들은 수익을 높일 수 있었다. 그러면서 80년대에 들어와 재배 농민이 60가구로 늘었고, 현재 100여 가구가 3만평(99,000㎡) 정도 면적에 300동 이상의 비닐하우스를 갖고 있다."

가난한 농촌을 부농으로 탈바꿈시키고 유성의 대표적 특산품으로 키운 것은 한마디로 김은규 전도사의 덕이었다. 김은규 전도사는 세동에 와 정착하면서 개발 가능성이 희박한 이곳에서 살아갈 수 있는 것은 근교 농업뿐이라는 생각을 갖고 주민들에게 상추 재배를 권했다는 것이다.

그 후 대전시가 점점 확대되고 유성 또한 발달 하면서 근교농업에서 제공되는 채소가 필요했고, '세동상추'가 그 자리를 차지하게 됐다. 바로 한 선교사의 예언이 적중한 것이다. 현재는 '세동상추'가 서울까지 알려져 비싼 값에 전국으로 팔려나가는 유성의 특산물이 되어있다.

상추, 세동사람의 또 다른 효자

이곳 세동으로 시집와서 80세가 가까워지도록 상추만을 재배하며 평생을 살았다는 할머니 한 분은 "40년 전 우리 동네는 모두가 못살았고 먹을 것조차 궁핍했다. 그런데 상추를 재배하면서 소득이 점차 늘어나 지금은 동네 사람 모두가 부농이고 아이들 공부까지 잘 시켜 성공 시켰다"고 자랑한다. 이제는 농사짓기가 힘들어 규모를 줄여 상추를 재배한다는 다른 할머니도 "그래도 상추가 효자 노릇을 했다"며 상추와 함께한 지난 세월을 그리워했다. 세동 사람들의 이같은 진한 삶의 이야기를 한 편의 시에 담아보았다.

세동 사람들은
비닐하우스에 기대어 산다
아주 오래 전부터 상추를 기르고
기른 상추를 시장에 내다 판다

세동 사람들은
그 돈으로 자식을 기른다.
도회지로 나간 자식들은
상추판돈이 장학금이 된다.

세동상추
그것은 세동 사람들에게
또 다른 효자.

— 임재만 〈세동 사람들〉

그리고 수많은 비닐하우스 단지를 벗어나 마을로 올라가면 5백년은 족히 되어 보이는 마을의 수호신 느티나무를 만난다. 이 느티나무는 여름에 제 역할을 한다. 한 여름 더위가 찾아오면 동네 어르신들은 이곳으로 모인다. 그리고 더위를 피한다. 이상하게도 이 느티나무 아래에 앉으면 시원한 바람이 분다. 그래서 이 동네의 명소가 되었고, 느티나무의 장엄한 모습과 그늘은 세동이 번영할 수 있었던 이유가 담겨있는 것처럼 보인다. 그리고 나무 아래쪽에는 매일 같이 상추 가격을 알려주는 게시판이 있고, 바로 이곳에서 상추가 트럭에 실려 시장으로 출하된다. 그래서 느티나무는 풍요의 상징처럼 보인다.

'풍요'하니까 생각이 난다. 사실 세동지역은 조선 중기 임진왜란 이후 유행했을 것으로 짐작되는 《정감록(鄭鑑錄)》예언서에도 "계룡산 자락 하에 삼세(상세동, 중세동, 하세동)가 있는데, 간(중세동)이 가장 살기 좋은 곳이다."라는 내용이 나온다고 한다. 그래서 실제로 이런 예언을 믿고 경상도에서 100여 년 전 세동으로 이사 온 사람들의 후손이 3대를 이어오며 현재까지 정착하여 살고 있다.

교통　**내비** – 대전광역시 유성구 세동로 506-1. ☎042)825-2690.
지번 – 대전광역시 유성구 606-3 세동진료소. **대중교통** – 시내버스 42번.

주변 볼거리　'선녀들의 보물창고가 있다' 하여 선창마을. 개장 첫해 마을
기반시설을 비롯해 관광과 연계한 볼거리, 즐길 거리, 체험거리를 고루 갖추어
인기를 끌었다. 이 마을의 매력은 농촌체험. 봄에는 딸기 따기 · 방울토마토 따
기 · 아삭이 고추 따기, 여름에는 오이 따기 · 블루베리 따기 · 감자 캐기 · 옥수
수 꺾기 · 포도 따기, 가을에는 고구마 캐기 등을 체험할 수 있다. 딸기잼 만들
기, 팥죽 쑤기, 메주 만들기 등의 전통식문화 체험도 있고, 천연염색, 한지공예,
유아미술 등의 미술 · 공예체험도 있다.
마을입구를 지나 마을회관에 도착하면 현대식 화장실, 조리대, 주방기구 등 각종
편의시설을 갖춘 대형 홀이 있어 민박도 할 수 있고, 잠시 음식을 만들어 먹을
수 도 있다. 마을회관을 넘어 방죽에 이르면 붕어나 잉어 등 다양한 토속 수종
들이 서식하고 있는 도심 속 보고로 낚시 마니아들을 유혹한다. 노적바위, 느티
나무, 송죽정은 더위를 피하기 딱 좋은 장소. 87가구에 124명의 주민이 살고 있
는 선창마을은 대도시에선 드물게 청정지역인 데다 산세가 수려하고 인근에 계
룡산과 같이 유명한 관광지가 많아 지난 2007년 말 농림수산식품부로부터 대전
지역 최초로 녹색농촌체험마을로 선정됐다. ☎042)825-5553　**내비** – 대전광
역시 유성구 계백로 93번길 111. **철도** – 호남선 두계역 하차. **마을홈피** http://
seonchangi.com

유성 여자는 왜 예쁠까?

온천

유성 제일의 자랑 **'온천'**①

왕들이 찾았던
신비의 온천수

계룡산 바람이 소슬히 날아와
청풍명월로 살포시 앉는다.
오랜 전통 순후한 인정,
끊임없이 전해오는 아름다운 삶들,
뜨거운 정렬로 펑펑 솟구쳐 오르는 저 온천수여!
대대로 순박한 이들에게 내리신 천혜의 축복인가
수통골 있음에 그 수맥이 깊고 깊어
억만 겁 토록 펑펑 솟구쳐 나오리니
아 매끄러운 이 물로서 우리 겨레에 몍 감고
신성한 축복의 날 맞으러가자.

– 지창준 〈아! 축복의 유성온천〉

숯골이 고향이고 지금도 고향 사랑에 빠져 사는 지창준 선생의 유성온천 예찬처럼 유성에 살고 있다는 것은 늘 자랑거리다. 그래서 외부에서 부담 없는 손님이 오거나 친구들이 직장의 일로 유성을 방문하면 우선 온천욕을 권한다. 그만큼 유성온천욕이 특별하기 때문이다.

"온천욕 한번 즐겨볼까" 각광

모처럼 만의 한가한 휴일 아침 가족들과 봉명동 온천장으로 향했다. 추운 겨울 날씨 때문에 겨울 내내 외출을 자제했었다. 그리고 이따금씩 대형 할인마트를 찾거나 아니면 늘 집안에서 싸움(?)으로 시간을 보내곤 했다.

그런데 완연한 봄 날씨에 가족들도 이런 일상에 지친듯하여 나들이 겸 대중탕을 찾았다. 온천업소에 도착해 입구에서 남여로 나뉘어 헤어지고 탕 안에 들어갔을 때의 시간은 출발 후 30분 정도. 탕에서 반신욕을 즐기는 동안 쌓였던 피로는 눈처럼 녹아내렸다. 뜨거운 열기 속에 다른 이들의 표정도 다르지는 않았다. 하지만 목욕을 하면서 그 누구도 유성온천수에 대해 이야기 하는 사람은 없었다. 당연한 것으로 받아들이는 듯 했다.

이런 저런 생각 속에 문득 지난해 서울 친구가 유성을 방문하여 설렘 속에 중얼거린 혼자 말이 기억났다. "유성에 왔으니 온천욕을 즐~겨볼까"이었다. 사실 필자는 유성에서 생활하기에 언제나 온천욕을 할 수 있어 그 고마움은 잊고 살았다. 그런데 생각해보면 다른 지방 사람들이 연중행사로 가질 수 있는 온천욕을 우리는 마음만 먹으면 매일이라도 즐길 수 있는 일이었다. 굳이 유성온천이 27~56℃의 고온 열천으로 관절염·위장병·아토피 등 각종 질병에 효능이 있다는 것을 따져보지 않더라도 온천 그 자체만으로도 만족스러운 일이었다.

신비로운 유성 온천 설화 '흥미'

유성온천 설화에 의하면 "백제 때 유성에 살았던 한 젊은이가 전쟁에 나가 신라군의 포로가 되었고, 얼마 후 도망쳐 집으로 돌아왔는데, 몸

"온천욕 좀 해~볼까" 지인들이 유성에 오면 하는 말이다.
유성온천에 대한 기대의 표현이다.
그런데 유성사람들은 왜 그 고마움을 모를까

이 만신창이가 되어 혼수상태에서 헤매게 되었다. 어머니는 좋은 약이란 약은 모두 구해다가 써 봤지만 효력이 없었다. 그래도 자식을 구해야겠다는 생각으로 이른 아침에 약을 구하러 집을 나섰다. 그리고 집 앞을 지나 논길을 걷는데 다친 학 한마리가 고통스럽게 울고 있었다. 어머니는 이상한 일이라고 생각하고 학 곁에 가보니 학이 있는 자리에서 뜨거운 물이 나오고 있었다. 학은 그 뜨거운 물에 몸을 비볐다. 어머니는 그것을 보고 자기 아들을 생각했다. 학은 뜨거운 물로 한쪽 날개를 자꾸 적시더니 파닥거리다가 하늘로 날아갔다. 어머니는 무거운 발걸음을 재촉해서 집으로 돌아왔다. 집에 와서 물동이를 이고 뜨거운 물을 떠서 그것을 다시 이고 집으로 돌아와서 아들에게 그 물로 목욕을 시켰다. 아들의 상처를 따뜻한 물로 씻기자 아무렇지도 않은 듯 눈만 감고 누워 있었다. 그러기를 며칠, 이상하게도 바깥 상처에 딱지가 지기 시작했고, 저절로 딱지가 떨어지더니 언제 앓았느냐는 듯이 홀가분하게 일어나는 것 이었다."고 전해지고 있다.

훌륭한 인물에게는 그 탄생과 얽힌 이야기가 있듯이 우리 유성온천에 대한 설화가 이처럼 신비스럽다는 것은 그만큼 유성온천이 사람들로부터 많은 사랑을 받아왔다는 것을 말해준다.

왕들이 찾은 곳… 부자, 권력자도 선호

설화뿐만 아니라 실제로 조선을 개국한 태조 이성계가 왕도 후보지 답사 차 계룡산에 행차 했을 때 유성에 머물러 목욕을 했고, 1393년 태종 이방원도 왕자시절에 유성에서 목욕을 한 뒤 왕가봉(왕좌산)에 올라 진터 벌에서 군사를 조련하는 모습을 지켜봤다고 전해진다.

이에 대해 좀더 구체적인 문헌을 살펴보면 다음과 같다.

고려사에서는 유성의 역사를 간단히 설명하고 '유온천(有溫泉 · 온천이 있다)'이라고만 기록돼 있지만 조선초기의 '세종실록지리지'에서는 '온천 이 유성현 동쪽 5리 독지우물이 있는데, 그 곳에 집이 있다'고 해 위치를 분명히 하고 있다. 세종실록과 태종실록에는 왕의 유성온천 행차가 자세 히 기록돼 있다.

"사약방연수를 공주 유성 온정에 보내다(태종 13년(1413) 8월 23 일) 사약(司鑰) 방연수(方演修)를 공주 유성온정(儒城溫井)에 보냈다. 임 금이 충청도 유성 온정에 가다(태종 13년(1413) 9월 11일(정해)) 충청 도 유성 온정에 거둥하니, 세자가 백관을 거느리고 돈화문 밖에서 지송 (祇送)하였다. 임금이 "구릉(丘陵의 갱감(坑坎)에는 모두 신이 있으니, 의당 날마다 제사지내야 하겠다."하고, 시녀 상기(侍女上妓) 8인이 수가 (隨駕 : 따르면서)하여 매일 먼동이 트는 이른 새벽에 명산대천(명산대 천)에 제사지냈다."

이 내용을 알기 쉽게 다시 풀이하면 "조선 태종은 1413년(태종 13 년) 가을에 유성온천을 다녀오고자 그해 8월 관계자를 유성 온정에 파견 했으며, 같은 해 9월 11일 유성온천을 향한 거둥을 시작했다"는 기록이 다. 그리고 태종실록 26권에는 '어가(御駕)가 공주의 유성 온정(溫井)에 행차하였다'는 기록이 나온다. 이밖에도《세종실록지리지 권149》,《신증 동국여지승람 권17》,《동국여지지 공주목》,《대동지지 권5》,《공산지 1859 刊》등에 유성온천 기록이 나온다. 여기에 조선시대 유성온천을 예찬한 작자미상의 시도 있다.

錦南名勝日靈泉 금남의 명승지 영천

瑞鳳來鳴今幾年 상서로운 봉황 와서 운지 몇 해 런가

空碧無雲明月下 구름 갠 하늘 밝은 달 아래

人蹤不到許羣倦 사람 이르지 않고 신선들만 허락 하였네

〈조선시대 작자 미상 시〉

일제 강점기 아픈 역사도

일제 강점기에는 일본인에게 유성온천을 내주는 아픈 역사도 있다. 그도 그럴 것이 침략자들이 조선 유일의 천연 건강온천을 그대로 보존할 리가 없었다. 그 대표적인 것이 봉명관. 봉명관은 유성온천에 대해 관심이 많고 실제 업을 해온 사람들도 생소하다. 구전에 의해 전해지고 있고, 출처가 불분명한 그림과 사진이 존재한다. 사진으로 본 봉명관은 보기에도 상당히 고급스럽게 지어졌다. 건물 자체도 그렇고, 정원도 대단하다. 아름드리 소나무가 정원 곳곳에 심어져있고, 주변 산세와 어울린 풍광도 아름답다. 이 봉명관은 일제강점기 조선총독이 영빈관으로 사용했다는 주장도 있는데, 정설로 받아들여지고 있다. 봉명관은 건립 후 만년장과 함께 유성온천을 대표하는 온천이 되었다.

봉명관

1926년 동아일보에 실린 유성온천

1940년대 유성온천

1970년 유성 온천로

그리고 현대에도 많은 사람들의 사랑을 받아 왔고, 특히 부자와 권력자들은 유성에 임시 거처(별장·서재·장경각)를 마련 해 놓을 만큼 유성지역을 선호했다. 대표적으로 정부수립 이후 역대 대통령들이 중부권에 오면 유성에서 머물렀고, 특히 박정희 대통령은 만년장을 별장으로 사용했을 만큼 유성온천수에 대한 사랑이 각별했다. 이름 있는 대학총장, 유력한 신문사 사장, 유명 여성 정치인, 대 기업주 등 이름만 대도 알만한 실력자들이 유성에 별장을 두고 자주 찾아왔다는 것은 입에서 입으로 전해져오는 공공연한 비밀이다.

60~70년대 신혼여행지 인기

유성온천이 많은 사람들로부터 가장 사랑을 받은 시기는 1960~70년대였다고 한다. 이러한 사실은 유성온천 경영인(호텔·대중목욕탕)들의 한결같은 주장이고, 실제로 이때 유성을 찾은 신혼여행객들에게서도 확인했던 내용이다. 그때가 2004년이었는데, 당시 유성구에서는 그동안 개최해온 온천문화제를 발전시켜 건강을 주제로 한 '건강페스티벌'을 새롭게 선보였다. 온천, 농업, 과학, 건강 등 다양한 소재를 통해 관광객들의 관심을 끌었다. 농업 분야는 유성지역에서 생산되는 특산물들을 한자리에 전시했고 판매도 했다. 과학은 대덕특구에 있는 많은 연구소들이 흥미 있는 과학프로그램을 진행했고, 연구소 투어도 했다. 건강은 한방 양방으로 나누어 자신의 건강을 체크해볼 수 있는 기회를 부여했다.

그런데 가장 흥미 있던 것은 온천 분야였다. 이 분야에서 체험할 수 있는 10개의 건강테마탕. 호텔마다 한 가지 특성을 지닌 테마탕을 운영한 것이다. 그리고 축제 홍보를 맡은 편집위원들이 아이디어를 내서 대 히트한 것이 있었는데, 바로 '앵콜 허니문'이었다. 1960~70년대 유성으로 신혼여행을 온 사람들의 추억의 사진과 사연을 받아 전시하고 당첨된 사연의 주인공들을 1박2일로 초청해 유성호텔에서 숙박하며 축제를 관람하게 하는 프로그램이었다. 그런데 그 이벤트에 응모한 사람들이 너무 많아 선정에 어려움을 겪었다. 사연도 재미있었고 사진도 흥미로웠다.

특히 보내온 사진은 '정말 이런 시절이 있었나' 의심할 정도였다. 가장 기억에 남는 사진은 호텔 앞 연못에서 신혼부부가 함께 노를 저으며 배를 타는 장면이었다. 그리고 신혼여행에서 돌아가면서 기념품으로 산 '유성온천 관광기념'이라고 박음질 된 기념수건도 보내왔다. 정말 '앵콜허니문'은 주연보다 조연이 빛난 드라마와 같았다. 축제 기간 중 '앵콜 허니문'에 선정되어 참여한 김수진(부산)씨는 "전국에서 찾아온 관광객과 신혼부부들은 기차를 타고 대전역에 도착해 다시 시외버스를 타고 유성

1960년대 추억의 유성온천 모습

1973년 만년교

으로 찾아갔다."고 당시를 회고했다. 그는 또 "유성에서 온천목욕을 하
고 숙박은 근처 민박이나 작은 여관에서 하는 정도가 그 시대 막 결혼한
한 쌍의 원앙들이 가장 선호했던 신혼여행이었다."고 설명했다. 그리고
이후 가장 호황을 누린 것은 지난 1993년에 개최된 대전엑스포 기간 중
이었다. 당시에는 유성지역 호텔마다 객실이 없었을 정도였다고 하니 말
그대로 제2의 전성기였다. 이러한 유성온천의 전성기에 대한 기록이 유
성의 관문 만년교의 유래비에도 잘 나타나있다.

　　만년교(萬年橋)는 갑천의 옛 명칭 만년강(萬年江)에서 유래되었다.
　만년(萬年)은 '영원하다'라는 뜻으로 '유성이 영원히 살기 좋은 곳'이라
　는 의미와도 같다. 이렇게 좋은 뜻을 간직한 만년교는 유성의 관문이
　었다. 지금이야 교량이 많지만 한때 유성과 대전을 잇는 유일한 다리
　였고, 옛 국도 1호선을 연결하는 대교이었다. 1920년에 콘크리트로
　건설된 이후 한국전쟁 때 폭격으로 파괴되는 등 그 긴 세월 동안 건설
　과 재건을 반복하면서 도시로 나가던 유성의 젊은이들은 이 다리를 건
　너며 청운의 꿈을 키웠고, 유성이 온천광지로 인기를 끌던 시절에는
　관광객들이 이 다리를 건너 유성으로 들어왔다.

　　　　　　　　　　　　　　　　　- 임재만 〈만년교 유래비〉 중에서

유성온천공원 제대로 즐기기

여행길잡이

교통 **내비** – 지번)대전광역시 유성구 봉명동 574번지 유성온천공원 워터스크린.

동아오피스텔~청주해장국

야외온천족욕체험장, 수로, 경관조명 등이 있다. 야외온천족욕장이 생기면서 유성은 전국에서 가장 큰 족욕장을 갖게 됐고, 전국적으로 인기를 끌며 겨울철 명소로 자리 잡았다.

청주해장국~계룡스파텔

이른바 젊음의 광장으로 이름 지어진 이 구간에는 야외무대가 원형 돔으로 재탄생했다. 그리고 파고라, 광장, 생태주차장이 있다. 원형 돔은 각종 발표회장으로 인기를 끌고 있고, 시민들도 여름에는 이곳에 나와 자신의 장기를 뽐낸다.

계룡스파텔 정문~인터시티호텔

이 구간에는 온천 탑이 있다. 주제는 여가와 휴식. 이런 테마에 맞게 파고라, 데코쉼터, 산책로, 경관조명 등이 있다. 이 구간은 주말이면 나들이 나온 주민들로 붐비고, 밤늦게 까지 산책을 즐기면서 편안한 휴식 장소가 되고 있다.

유성푸르지오 앞~유성호텔

이곳은 힐링과 문화공간이다. 이 구간이 새롭게 탄생하면서 전체 공원의 모습이 드러났다. 특히 유성푸르지오 앞 조형물은 워터스크린도 있어 공원의 아름다움을 더해주고 있다.

전국에서 손꼽는 축제
'유성온천문화축제'

축제는 단순히 이벤트가 아니다. 지역의 모든 자원에 대한 창조적 재해석의 의미를 갖는다. 문화, 역사, 인물, 농수산물, 문화재, 음식 등 모든 것에 대한 총체적 해석인 것이다. 바로 유성온천문화축제는 유성온천의 역사성과 대중적인 인기가 하나로 모아져 승화된 것으로 20여 년의 역사 동안 이런 역할을 해왔다. 이런 축제를 통해 유성은 지역과 지역, 사람과 사람이 서로 경계를 넘어 만나고 교류하며 공감대를 형성해왔다. 해마다 개최되는 '온천문화축제'는 말 그대로 유성온천을 상징하는 축제다. 그리고 유성의 전통성을 담아 축제의 규모도 크고 화려하다.

시대가 변하고 세계가 변하고 있다. 지방자치라는 행정시스템은 국가와 국가의 경쟁을 넘어서 도시와 도시, 지역과 지역이 경쟁하는 새로운 경쟁 패러다임을 형성하고 있다. 다행히도 우리 유성은 이러한 도시경쟁 구도에서 '천년 역사의 온천'이라는 도시브랜드가 있다. 특히 온천축제는 유성을 압축적으로 체험할 수 있는 정점 역할을 해왔다.

천 가지 즐거움에 빠져보세요

천 가지 즐거움. 좀 과장된 듯하지만 '유성온천문화축제'는 전국 수많은 자치단체 축제 중 전통 있고 생명력 있는 축제다. 먼저 볼거리 중에 으뜸은 온천문화의 거리 양쪽으로 핀 이팝꽃. 유성호텔에서 호텔 인터시티까지 핀 이팝꽃은 축제 기간인 5월 둘째 주 장관을 연출한다. 유성구

민 뿐만 아니라 대전 시민, 타 지역 사람들도 이 장관을 보기 위해 유성의 이팝꽃 거리를 방문해 해마다 인파로 붐볐다. 그리고 밤에는 더욱 아름다워진다. 수십만 개에 달하는 조명등이 이팝나무에 설치되어 이팝꽃은 또 다른 모습으로 변신한다. 사랑스런 연인들, 부모님을 모시고 나온 자녀들이 함께 걸으며 행복한 시간을 갖는다. 그리고 대부분 축제에서 빠지지 않는 것은 가요제. 유성온천문화축제에서도 가요제가 열린다. 아마추어 특유의 신선함이 즐거움을 준다.

그리고 관광객들이 즐겁게 보는 것은 화려한 거리 퍼레이드. 주민 전체가 참여하는 대형 프로그램인 이 퍼레이드는 진잠동부터 관평동에 이르기까지 유성의 9개 지역의 특색을 살려 유니폼을 입고 거리 행진을 한다. 구간은 충남대 정문에서 출발해 갑천변 까지 약 1.5㎞. 여기에는 왕의 행차도 이루어진다. 기수단→태조왕 참시행렬→의장대 퍼레이드→외국인 공연단→피에로→대학응원단→온천설화마당극→축제공연팀→9개동 참여팀→동별풍물단.

온천수 플레이존은 아이들이 제일 좋아한다. 쉽게 말해 미니 워터파크라고 생각하면 이해가 쉽다. 온천수 플레이존은 모두 3개 코너이다. 먼저 ◇온천수 익스트림 페스티벌은 서바이벌 물총 싸움이 이루어지는 공간이다. ◇쿨썸머 온천 핸드보트 마도로스는 무더운 여름을 시원하게 날려 보내는 즐거운 핸드보트 플레이존이다. ◇키즈 온천 테마파크는 온천수로 수영장을 조성한 것이다. 이곳에서 아이들은 마음껏 물놀이를 즐길 수 있다.

온천수신제는 온천축제의 상징성을 갖고 있다. 온천문화로 온천 탑에서 열리는 수신제는 유성온천의 효능을 부각시키는 마당극과 온천수 무용단이 공연을 펼친다. 수신제는 온천수가 영구히 솟아오르기를 염원하는 행사이다.

'장미탕에서 영화 속 주인공이…'

축제 기간 중에는 8개 호텔들이 테마탕을 운영한다. 먼저 쑥탕. 쑥은 오래전부터 찜질을 하거나 목욕을 할 때 입욕제로 많이 써왔다. 쑥 향기는 마음을 정화시키고, 몸 안의 노폐물과 독소를 몸 밖으로 배출시키는

효력이 있다. 다음은 약초탕. 약초탕은 약초로 목욕하는 우리의 전통 목욕법이다. 약초 목욕은 몸 안의 노폐물과 독소를 배출시키고 피부세포의 부활과 촉진으로 피부를 매끄럽고 탄력 있게 만들어 준다고 한다.

허브탕. 허브탕은 긴장을 풀어주고 피로를 회복시켜주는데 이상적이며 감기 기운이 있을 때, 저혈압이나 근육통에도 효과적이다. 그리고 물 온도도 중요하다. 39~42도의 따뜻한 목욕은 기력을 좋게 하고 긴장을 풀어준다. 녹차탕. 녹차탕은 남녀노소 누구나 한번쯤 이용해본 기억이 있을 정도로 대중화된 목욕법이다. 녹차탕은 고혈압, 동맥경화, 탈모방지, 암 예방 등에 탁월한 효능이 있다고 학계에서 발표한 바 있다.

솔잎탕. 동의보감에 '솔잎은 풍습창을 다스리고 머리털을 나게 하며 오장을 편하게 하고 곡식 대용으로 쓴다'고 기록되어있다. 현대의 민간요법에서도 솔잎에 함유되어 있는 옥실팔티민산이 젊음을 유지시켜주는 강력한 작용을 한다고 밝히고 있다. 장미탕. 장미탕은 효능보다는 아름다움에 기분이 업(up) 된다. 장미 잎이 뿌려진 온천탕에 몸을 푹 담그고 명상에 잠기면 코 속으로 장미의 향이 솔솔 들어오고 몸은 따뜻해진다.

순간 기분은 영화 속 주인공이 된 듯 한 착각이 들 정도로 자신이 고급스러워진다.

뭘 먹을까? 즐거운 고민

'금강산도 식후경'이라는 말이 있다. 무엇보다도 먹는 즐거움이 크다는 의미일 것이다. 축제장에는 먹을거리 부스가 운영되는데, 계룡스파텔 벽을 끼고 나란히 50여개 가 설치된다. 그리고 부스 앞에는 간이 탁자를 놓고 삼삼오오 모여앉아 음식을 먹을 수 있게 꾸며지는데, 시원한 바람을 직접 맞으며 야외에서 먹는 즐거움이 맛보다 더 좋다. 그래서 축제가 열리면 시간이 지나면서 축제의 메인이 되어버릴 만큼 인기다.

먹을거리는 해마다 조금씩 다르지만 유성의 전통음식이 부스에 등장하는데 대부분 이름 있는 음식점들이 나온다. 우리가 흔히 먹는 족발·파전부터 유성의 전통음식 인 구즉 묵·순대 등이 인기를 끈다. 가격도 비싸지 않다. 부담 없이 6~7천원이면 한두 가지를 사서 막걸리와 함께 먹을 수 있다. 식사로는 간단한 국수·해장국 등이 준비된다.

구즉묵은 유성의 전통음식이면서 대전시 6미(味) 중 하나다. 축제 기간에는 구즉 묵의 진짜 맛을 볼 수 있다. 순대에 소주 한잔. 축제장에 가면 꼭 끼는 음식이다. 저렴하면서도 맛좋은 순대는 배고플 때 소주 한잔과 먹으면 그 맛이 정말 좋다. 순대는 원래 몽고에서 유래되었다고 한다. 족발도 소주 한잔하기에 '딱' 좋은 안주다. 남자들도 좋아하지만 여성들도 피부미용에 좋다고 해서 많이 찾는 음식이다. 종류도 다양하다. 미니족발, 왕족발, 토종족발 등.

돼지바비큐는 축제장 분위기를 돋구어준다. 빙글빙글 돌아가는 통돼지는 먹음직스럽다. 오리훈제는 먹기에 간편하고 맛도 좋아 어른은 물론 어린아이들까지도 좋아하는 음식이다. 해장국은 인기 음식 중 하나다. 축제 첫날 보다는 둘째 날부터 해장국은 더욱 인기다. 아마 전날 과음한 관광객이 많기 때문일 것이다. 그리고 어묵 · 떡볶이 · 피자 · 치킨 · 자장면 같은 맛있는 음식이 기다리고 있다.

버스타고 연구소 탐방도

유성을 대표하는 것은 두 가지. 온천과 과학이다. 과학은 대덕특구가 상징이다. 대덕특구는 유성뿐만 아니라 우리나라 과학의 요람이고 세계적인 수준의 과학기술과 연구소가 밀집한 곳이다. 그런 대덕특구를 축제에서도 빼놓지 않는다. 희망자를 모아 버스로 투어를 한다.

탐방은 박물관이 먼저다. 볼거리가 많기 때문이다. 지질자원연구원에서 운영하는 지질박물관, 조폐공사에서 운영하는 화폐박물관 등이다. 그리고 연구소 홍보관이 잘되어있는 전자통신연구원, 항공우주연구원, 한의학연구원, 기계연구원, 표준과학연구원 등을 견학한다.

그리고 축제장에도 과학체험프로그램을 즐길 수 있다. ◇온천수 표면장력 체험 ◇온천수 아이스크림 만들기 ◇온천수 물 로켓 만들기 ◇친환경온천수 증기보트 만들기 ◇깨끗하고 맑은 공기 청정 체험 등 다양하다. 그리고 연구원들이 나와서 부스를 다양하게 운영하기도 한다.

해장국은 어디가 좋을까?

온천문화축제가 열리는 유성온천공원 주변에는 소문난 해장국집이 많다. 유성 관광의 중심지라서 관광객을 위한 숙박시설이 집중되어있는 이유도 있다. 식도 락가들은 '진짜 맛있는 음식은 1만원 미만의 음식' 이라고 말한다. 그 대표적인 음식이 해장국.

그렇다면 해장국은 어떤 것이 가장 좋을까. 종류별로 살펴보면 우선 콩나물국이 가장 대중적인데, 이유는 콩나물국 속에 알코올 분해에 가장 효과가 뛰어난 아 스파라긴산이 많기 때문이다. 그 다음으로 많이 먹는 북엇국은 입안은 물론 배 속까지 부드럽게 해주는 느낌이 좋아서 그렇다. 특히 북어는 다른 생선보다도 지방함량이 적어 맛이 개운하고 간을 보호해주는 아미노산이 많다고 한다.

재첩국은 쉽게 먹을 수 있는 것은 아니지만, 재첩 자체가 조개류이기 때문에 타 우린과 핵산 류가 많아 알코올을 분해하는데 효과적이라고 한다. 선짓국은 평소 에 즐겨먹어도 그 맛이 질리지 않는다. 선짓국 속의 성분도 성분이지만 부드러 운 맛이 선짓국을 선택하게 한다. 그리고 추어탕도 숙취에 효과가 있고, 올갱이 국·우거짓국도 좋다고 한다.

그러면 유성온천공원 주변에는 어떤 소문난 해장국집이 있을까? 이 일대 눈에 보이는 해장국들이 모두 맛이 좋지만, 유명한 곳을 꼽으라면 복 해장국집 명문 가, 임해조볼테기, 콩나물아저씨, 경성복집, 황산옥, 청주해장국, 조복란복집, 유 성복집 등을 꼽는다.

천연온천수 사용하는
유성온천공원의 거리 호텔들

유성의 축제는 온천 중심이었는데, 그 명칭은 여러 번 바뀌었다. 그리고 이미지도 조금씩 변해갔다. 초창기 순수 지역주민이 참여하는 축제에서 점점 관광 유성을 알리는 축제로 기획됐다. 그러면서 한 때는 지역경제에 도움이 되기도 했지만 유성 본래의 특성인 온천을 살려내기에는 역부족이었다. 따라서 이를 보완하기 위해 축제명칭을 '유성온천문화축제'로 통일해 개최하기로 조례를 제정했다. 이는 축제의 일관성을 유지하겠다는 취지였다.

지금까지 가장 성대했던 축제는 2012년에 개최한 '대한민국온천대축제'
였다. 5월 9일 부터 13일까지 개최된 '대한민국온천대축제'는 특별히 3개
존으로 나누어 각각의 특성을 살렸다. 가장 큰 메인무대인 계룡스파텔 특
설무대에서는 화려한 개막식이 펼쳐졌는데, 축제 역사상 최대 인파를 기록
했다. 저녁시간 아이들 손을 잡고 나온 가족들, 온천역을 통해 온 대전시민
들, 전국에서 관심을 갖고 온 관광객들. 말 그대로 인산인해를 이루었다.

　　그리고 메인무대 밖 온천로에는 이팝꽃이 만개해 거리를 걸으며 아름
다움을 만끽하는 사람들로 붐볐다. 이곳에 조성된 두드림 공연장에도 젊
은이들이 마음껏 끼를 발산하며 축제 분위기를 한껏 돋우었다.

　　그리고 무엇보다도 가장 핵심적인 프로그램은 8개 온천호텔에서 운영된
테마탕. 건강과 미용을 동시에 느낄 수 있는 온천 테마탕은 중년 이상의 연
령층에게 인기를 끌었고, 관광객들도 한번은 체험해보고 싶은 프로그램으
로 손꼽았다.

아드리아호텔, 예식과 대온탕 강점

아드리아호텔은 객실 이외에 예식과 대온탕이 강점이다. 예식은 저렴한 비용으로 최고의 서비스를 제공받을 수 있는 것으로 알려져 있다. 예식홀 사용료 없이 식사비용만 지불하면 되고, 신랑 신부에게는 객실이 무료로 제공된다. 호텔 이전에 대온장으로 더 유명했던 대온탕은 역사가 깊다. 현대 유성온천의 양대 산맥이라면 고인이 되신 아드리아호텔의 이태희 회장과 전 홍인호텔의 민경룡 회장이다. 평소 검소한 생활로 정평이 난 이 두 인물은 유성온천의 산 증인이라 해도 과언이 아닐 만큼 온천 발전에 일생을 바친 분들이다. 이런 정열적인 창업주의 열정 속에 아드리아는 시설도 으뜸이다. 대표적으로 옥탕과 숯사우나. 옥탕은 습식사우나로 옥이 탕 내부에 설치되어 있어 그 효과를 직접 느낄 수 있다. 숯사우나는 1,200℃이상에서 구운 숯을 사용한다. 여탕에는 특별히 원적외선 황옥방이 있어 인기이고, 주말에는 녹차탕도 운영한다.

리베라호텔, 유일한 특 1급 호텔

리베라호텔은 대전에서도 유일한 특 1급이다. 174개의 객실 전체에 천연온천수가 공급되고, 남·여 고급사우나가 있는 것이 특징이다. 고급사우나는 다양한 편의시설과 함께 여유롭게 온천욕을 즐길 수 있다는 것이 장점이다. 호텔 1층에는 멀티레스토랑이 있다. 멀티레스토랑은 한식, 중식, 일식, 양식이 동시에 한자리에서 주문이 가능하다. 이를테면 아빠는 한식, 아이들은 자장면, 엄마는 일식을 좋아할 경우 멀티레스토랑에 가면 불편 없이 외식을 즐길 수 있다. 알려진 것처럼 리베라호텔은 만년장이 있던 자리다. 그래서 연세가 지긋하신 분들은 지금도 '만년장 있던 자리로 가려면 어디로 가야하냐'고 길을 묻는다. 당시 유성관광호텔에서 일했던 문석재씨에 의하면 "만년장은 바로 박정희 전 대통령이 별장처럼 사용하던 곳이다. 만년장 권서정 사장과 육군 소장 시절부터 친분이 있어 자주 들러 휴식을 취했고, 대통령이 되어서도 자주 찾았다. 그리고 세월이 흘러 만년장이 문을 닫자 이를 안타깝게 여긴 박정희 대통령이 권 사장의 거처를 마련해주기도 했다"고 회고한다. 여기서 당시 유명했던 호텔들의 위치를 알아보면, 그 유명한 공주 갑부 김갑순이 경영하던 유성지역 최초의 호텔 '유성관광호텔'은 지금의 '유성자이' 자리다. 당시 별 4개였다. 현재의 유성호텔 자리는 당시 유성관광호텔의 별관이었고, 정원에서 배타는 사진의 배경도 이곳이었다. 그리고 현대식 나이트클럽 '한국관'은 현 리베라호텔 주차장 자리에 있었다.

B-station, 기업 워크숍 · 세미나 인기

B-station은 신 개념 비즈니스호텔이다. 쉽게 말해 세미나와 워크숍을 위한 호텔. B-station은 최근에 문을 열었다. 과거 엑스포호텔을 리모델링해서 다시 오픈 한 것이 이 호텔이다. '비즈니스호텔' 개념은 생소하지만 대덕특구가 있는 유성에서는 비즈니스호텔을 찾는 손님이 생각보다 많다는 것이 호텔 관계자의 설명이다. '비즈니스'하면 경제적인 의미가 떠오르는데, 이런 의미처럼 객실은 다른 호텔의 절반가격이다. 호텔 관계자는 가격도 저렴하지만 깨끗하고 위생적인 부분에서는 어떤 호텔에도 뒤지지 않는다고 자랑한다. 이런 비즈니스호텔의 선호도는 꾸준히 상승하는 추세다. 여행이 아니라 일 때문에 현지를 찾은 비즈니스맨들에게는 오히려 화려한 호텔이 부담으로 작용하기도 한다. 절약형 숙박이 일의 연장선상에 있다는 것이 선호하는 이유다.

호텔인터시티, 공제회원 50% 할인

호텔인터시티는 행정공무원들에게 인기다. 이
유는 행정공제회에서 운영하고 있고, 공제회 회
원들에게는 객실, 온천탕, 웨딩 모두 50% 할인
혜택을 주기 때문이다. 또 유성지역에서 시설이
가장 현대식인데도, 최근에는 객실 전체를 리모
델링해 디자인과 품격을 한 단계 더 높였다. 호텔
인터시티는 계절별 음식 이벤트를 열고 있다. 그
래서 이 호텔에 가면 싱싱한 계절 음식을 맛볼 수
있어 가족단위 외식이나 직장인들 끼리 식사로 딱
좋다. 호텔인터시티의 장점은 유성에서 가장 번
화한 유성온천공원에 있다는 점이다. 그래서 주
변에 즐길거리, 먹을거리가 많다. 전국 최대 규모
노천 온천족욕장이 있고, 이름 있는 해장국 집,
맛깔스런 고급 음식점들이 몰려있다. 최근에는
두드림 공연장을 새롭게 오픈하여 겨울철을 제외
하고 운 좋으면 재미있는 공연도 관람할 수 있다.

경하온천호텔, 오랜 단골이 많은 곳

경하온천호텔도 추억이 많은 곳이다. 지금도 연세 지긋한 어르신들은 '경하장(변경 전 호텔 명칭)'을 찾는다. 역사는 33년. 가장 큰 자랑은 역시 100대 주차가 가능한 넓은 주차장과 단골 이용객이 많은 대중탕. 지하 400m 자체 온천공에서 매시간 살아 있는 온천수가 나온다. 그리고 고급스럽고 화려한 호텔은 아니지만 편리하고 청결한 시설, 저렴한 가격, 친절한 서비스 등으로 유성에서 추천하고 싶은 호텔중 하나다. 총 40개의 한실 · 양실객실과 커피숍, 한식당, 세미나실, 카페 등의 부대시설이 있다.

참고로 홍인호텔이 그 긴 역사를 뒤로 하고 2011년 7월에 문을 닫아 아쉽다. '유성온천'하면 '홍인장'이 대명사이기도 했다. '홍인장'은 '홍인호텔'의 전신이다. 1970년대 문을 연 '홍인장'은 당시로서는 전국에서 가장 큰 온천탕이었고, 많은 신혼부부들이 이곳에서 첫 날 밤을 보냈다. 현재 홍인호텔 자리는 29층 규모의 유성푸르지오시티 주상복합건물이 들어섰다.

유성호텔, 유성지역 호텔의 산 역사

유성호텔은 홍인, 아드리아와 함께 전통이 있는 곳이다. 유성의 온천 개발역사는 100년에 가까운데, 일본인에 의해 운영되다가 우리나라 사람이 경영하는 온천장이 들어선 것은 1932년 현 유성관광호텔 자리였다. 현재의 리베라호텔 전신인 만년장이 해방 후 1958년에 문을 열었고, 유성지역에 최신식 관광호텔이 처음 등장한 것은 1966년에 문을 연 유성관광호텔이다. 이렇게 보면 유성관광호텔은 유성지역 현대식 호텔 역사의 시작인 셈이다. 숙박, 온천, 세미나, 식사 등이 종합적으로 서비스가 이루어지는 곳이다. 1960~70년대 신혼여행객들이 간직하고 있는 사진은 유성호텔을 뒤로한 사진들이 대부분일 만큼 유성온천관광의 상징이다. 그리고 그 당시 유성호텔 바로 옆에는 나이트클럽이 있었다. 이름은 국일관. 지금은 사라졌지만 당시는 젊은 청춘 남녀들에게 꽤나 인기를 끌었던 곳으로 유명하다.

레전드호텔, 계절별 이색 축제 열어

　레전드호텔은 웨딩과 계절별 축제가 고객들로부터 인기다. 웨딩은 500석 규모의 대형 연회장에서부터 10여 명이 들어갈 수 있는 소형 연회장까지 다양하게 갖추고 있다. 계절별 축제도 이 호텔의 특징이다. 봄에는 딸기축제가 커피숍에서 이용객이 참여한 가운데 아기자기하게 열린다. 여름은 더위를 잊게 하는 빙수축제가 깜짝 이벤트로 준비되어있다. 이때 호텔 이용객들은 팥빙수, 과일빙수 등 다양하게 음료를 즐길 수 있다. 가을, 겨울은 전통차 축제가 열린다. 레전드호텔은 아기자기한 이벤트 못지않게 직원들의 화합이 잘 이루어지는 곳으로 알려져 있다. 이는 경영진의 각별한 직원 사랑에서 비롯된 것이라고 설명한다. 그래서 그 어려운 IMF시절에도 잘 견뎠고, 지금도 건실한 호텔로 인기를 끌고 있다. 또 전 직원이 자신의 일터 사랑이 극진하다보니 지인들을 고객으로 만드는 노력을 아끼지 않는다고 소문나 있다.

계룡스파텔, 군인휴양소로 인기

계룡스파텔은 육군 군인휴양소다. 이따금씩 가보면 퇴역한 직업 군인들이 이용하는 모습을 보곤 한다. 또 이곳에는 군 관련 단체들도 행사를 갖기도 한다. 군인 휴양소이지만 일반인도 누구나 이용이 가능하다. 그런데 한번쯤 숙박을 해본 사람이면 전망에 감탄한다. 도심 속에 이런 풍경이 있을까. 창문을 열면 눈앞에 펼쳐진 정원이 답답한 가슴을 풀어 헤쳐 준다. 보통 도심 속 호텔은 좁고 실내만 화려하다. 하지만 계룡스파텔은 다르다. 드넓은 정원에는 나무와 잔디가 어우러져 미니 골프장을 연상케 한다. 더욱이 겨울에 투숙하면 정원에 쌓인 눈 풍경을 보게 되는데, 그 모습에 반한다. 사우나도 최고다. 물이 유성온천수의 원조 격이기 때문이다. 또 이곳에는 명장이 있었다. 홍수진 이용장. 두상만 보아도 헤어스타일을 어떻게 만들어야 하나를 알 수 있다는 그는 지금까지 수많은 장군들의 머리를 깎아준 경험이 가장 큰 자부심이다. 그리고 임수혁 안내부장은 70대 인데도 여전히 호텔 현관을 지키고 있다. 한때 그는 연령 때문에 퇴직했었다. 하지만 몇 개월 쉬지 못하고 다시 출근했다. 옛 향수를 그리워하는 퇴역 장성들의 요청에 의해서다.

야외족욕장

이색 야외 족욕장도 '한몫'

봉명동 야외족욕장은 온천 효능을 체험해 볼 수 있는 또 다른 명소다. 이곳에 가기 시작한 것은 지난 「2007 YES페스티벌」이 열리던 10월 5일부터. 개장도 그 때했다. 그 이후 가끔씩 주말 점심식사 후에 가서 족욕을 즐기곤 했는데, 그때마다 사람들로 붐볐다. 노부부가 함께 발을 담그고 족욕을 즐기는 모습, 너무나 다정해 보이는 젊은 연인들, 정자 안 족욕장에서는 엄마 아빠와 함께 나온 어린아이가 탕 안에서 물장난을 치다 혼이 나는 모습 등등.

이런 광경을 보며 족욕장 한쪽에 자리를 잡고 조심스럽게 발을 담갔다. 족욕장 관리인의 말에 의하면 "이 물은 온천수를 직접 끌어와 사용하고 있고, 41℃로 뜨겁지 않은 물이라서 편안하다."고 했다. 5분 정도 지났을까. 발에서 느껴지는 따뜻한 온기는 온몸으로 퍼지는 느낌이었고, 그래서 몸 전체가 훈훈해져 몸이 가볍고 머리가 맑아지는 것 같았다.

이렇게 족욕을 즐기고 집에 돌아와 평소 알고 지내는 임성준 한의사에게 문의를 했다. 그의 견해에 의하면 "족욕은 매일같이 20~30분 정도 하면 피로를 푸는데 제일 좋은 방법"이라고 했다. 그런데 사실 피로를 푸는 것은 전신목욕 만한 것이 없다. 하지만 여유 있게 목욕을 즐길 시간적 여유가 없는 바쁜 현대인들에게는 휴일에나 가능할까. 그래서 나온 것이 족욕. 두 발만 물속에 담그면 되는 족욕은 언제 어디서나 간편하게 할 수 있다. 그렇다고 해서 효과가 떨어질 것이라고 생각하면 큰 오산이라는 것이 전문가들의 설명이다. 발이 따뜻해지면서 온몸의 신진대사가 촉진되고 누적된 피로와 스트레스를 한 방에 날려버릴 수 있기 때문이라는 것. 야외온천족욕장은 이같은 현대인들의 바쁜 생활을 고려했다는 것이 가장 큰 장점이다. 특별히 준비할 것도 없이 지나다 발만 담그면 족욕이 되어 편리하다.

족욕장에서 1시간 동안 머무르면서 주변 경관도 살펴보았는데, 족욕장 주변 시설 또한 세심하게 신경 쓴 흔적이 역력했다. 비가 올 때에도 족욕을 즐길 수 있도록 파고라시설을 갖추었고, 노천에서 자연 그대로 즐길 수 있는 연못형도 만들어 놓았다. 그리고 수로시설에는 물레방아, 분수 등이 조화롭게 갖춰져 주변의 조경수와 함께 아늑한 전원분위기가 연출돼 젊은 연인들의 데이트 코스로도 손색이 없었다.

여행길잡이

교통

아드리아호텔 – 대전광역시 유성구 온천로 27 ☎042)823-5805

리베라호텔 – 대전광역시 유성구 온천서로 7 ☎042)823-2111

B-station – 대전광역시 유성구 계룡로 141번길 30-12 ☎042)719-8000

호텔인터시티 – 대전광역시 유성구 온천로 92 ☎042)600-6006

경하온천호텔 – 대전광역시 유성구 온천로 101번길 ☎042)822-5656

유성호텔 – 대전광역시 유성구 온천로 9 ☎042)820-0100

레전드호텔 – 대전광역시 유성구 계룡로 141번길 21 ☎042)822-4000

계룡스파텔 – 대전광역시 유성구 온천로 81 ☎042)602-1411

유성 제일의 자랑 '온천'④

온천수의 새로운 시도
'재활치료'

　이렇게 사람들이 유성온천수를 즐긴 것은 바로 온천수의 효능 때문이었을 것이다. 50~400m로 구성된 화강암 단층 파쇄대에서 생성된 온천수, 화강암의 단층균열층을 따라 지하 200m 이하에서 분출되는 27~56℃정도의 고온 열천이 그것이다. 특히 그 성분에 있어서도 약 60여 종이 함유되어 있고, 중금속도 전혀 검출되지 않는다는 것도 매력이다.

　그리고 유성의 온천 개발역사는 100년이 넘었다. 길고 긴 역사이지만 온천이 현대식으로 개발되기 시작한 것은 1907년부터이다. 유성에 정착한 일본인 스즈끼가 봉명동 유성천 남쪽에 있는 온천탕 부근을 개발하고, 1910년 대전온천주식회사를 세웠다. 그리고 목조 건물을 건축하여 1913년부터 본격적인 온천목욕업을 시작했다.

　여기서 한 가지 강조하고 싶은 것은 현대적 온천개발이 유성온천의 전부로 알려진 것은 잘 못이라는 점이다. 현대적 개발은 단순한 시설을 의미할 뿐, 이미 천년의 역사 동안 사람들에게 사랑을 받아왔다. 유성온천을 우리나라 사람이 경영하기 시작한 것은 1932년. 그 유명한 공주 갑부 김갑순이 유성관광호텔 자리에 온천장을 신설한 것이 그 처음이다. 이후 현재의 리베라호텔 자리에 만년장이 문을 열었고, 유성지역에 최신식인 관광호텔이 처음 등장한 것은 1966년에 유성관광호텔이었다. 이후 호텔들이 이 일대에 속속 들어서면서 유성은 온천관광특구가 된다.

온천수 이용 '재활치료' 각광

유성온천에 대한 매력은 두말할 필요 없이 물이 좋다는 것이다. 다시 말해 질병치료와 미용에 효과가 있다는 것. 하지만 이런 효과는 피부로 느끼는 것일 뿐 의학적으로 입증되지는 않았다. 그런데 이런 노력이 지난 2007년부터 시작되면서 유성온천이 새롭게 주목받고 있다. 바로 유성온천이 밀집된 봉명동 일대에 재활치료병원이 들어서면서부터이다. 여기에 노인전문요양병원도 유성온천에 대한 의학적 접근을 시도하면서

유성온천수는 더욱 관심이 높아지고 있다.

현재 온천수를 이용해 치료법을 시도하고 있는 곳은 3곳. 대전요양병원, 성세병원, 유성한가족병원이다. 그리고 웰니스요양병원에서는 임상실험 결과를 발표해 온천수 치료효과를 의학적으로 입증하고 있다.

대전요양병원

지난 2007년 개원한 대전요양병원은 재활전문병원으로서 온천수를 공급받아 수중치료를 하는 곳으로 유명하다. 또 재활전문병원이라는 특징

때문에 지난 2007년 개원 이후 172개 병상이 모자랄 만큼 항상 인기다.

특히 수중운동치료시설은 온천수를 공급받아 수치료사와 환자가 1대 1로 30분간 치료한다. 하루 약 43명 정도 입욕하여 치료를 받고 있고, 연인원은 1만 명이 넘는다. 환자는 뇌졸중, 뇌성마비, 관절염, 교통사고, 오십견 환자 등 다양하다. 이들 환자들은 지속적인 수중운동치료를 받고 한결같이 증상이 호전된 것으로 나타났다. 특히 관절가동범위 증진, 심혈관계 촉진, 근 긴장도 완화, 정신적 스트레스 해소 등이 대표적인 효과다.

이곳에서 만난 수중운동치료사는 "온천수치료를 하고 난 후에는 환자들의 강직과 근 긴장도가 완화되어 걷는 것이 눈에 띄게 좋아 보인다."고 설명하고 "이를 종합해보면 환자 대부분이 온천수치료에 대해 만족하고 지속적으로 치료를 받기를 희망하고 있다"고 밝혔다.

성세병원

성세병원은 2008년 10월에 개원했다. 봉명동 온천 밀집지역에 위치한 이 병원은 온천수를 이용한 수중 재활치료를 하는 대표적인 병원으로 지하 2층, 지상 4층 규모의 종합 재활치료병원이다. 현재 이 병원은 전국 최고 수준의 첨단 재활의료장비를 갖추고 환자를 맞고 있다. 진료과목은 재활의학과, 가정의학과, 정형외과, 내과, 소아청소년과 등이다. 이중 '유성 온천수'를 이용한 첨단 수치료 재활실이 이 병원에서 내세우는 대표적인 자랑거리다. 수치료 재활실에서 사용하고 있는 유성온천수는 알칼리성으로 소아마비·관절염·신경통·당뇨병·피부병·위장병·부인병에 효과가 있는 것으로 알려져 있다.

유성한가족병원

유성한가족병원은 가장 최근인 2010년 6월에 문을 열었다. 이 병원도 마찬가지로 온천수를 공급받아 수치료를 하는데, 중부권 최대 규모를 자랑한다. 그리고 노인요양원을 동시에 갖추고 있는 것이 특징이다.

우선 중부권 최대 규모의 전문 재활치료센터에서는 수중치료실과 온천수치료실을 갖추고 있다. 그리고 물리치료실, 언어치료실, 인지치료실, 환자평가실, 작업치료실, 전기치료실, 일상생활동작치료실 등이 갖추어져 있고, 대학병원 규모의 중환자실과 대전지역에서는 유일하게 우울증, 불안장애 등 정신건강재활 치료도 시도하고 있다.

131병상 규모의 노인요양시설은 유성온천이라는 지역적 특성을 살려 온천요양 뿐만 아니라 의료서비스까지 동시에 제공한다는 점에서 관심을 끌고 있다. 특히 이 병원에서는 노인성 질환인 중풍 이외에도 외상성 뇌손상, 뇌성마비, 스포츠재활의학 등의 치료에도 전문성을 가지고 있다.

웰니스병원

이러한 유성온천수 재활치료 효과를 의학적으로 입증한 것은 만년교 앞에 위치한 웰니스병원 김철준 원장이다. 김 원장은 지난 2009년 10월10일 동래온천에서 그동안 연구한 임상실험 결과를 발표해 관심을 끌었다. 발표내용은 온천수를 이용한 재활치료가 효과를 나타내고 있다는 것. 이 임상실험은 2009년 8월 행정안전부가 전국 유명온천 4곳을 선정하여 연구용역을 의뢰한 것이다. 이에 따라 유성온천에서는 김 원장이 퇴

행성관절염에 대한 임상실험을 진행했다.

김 원장의 온천수 효능 입증방법은 의외로 간단했다. 환자를 두 그룹으로 나누어 온천수와 일반온수에서 각각 재활치료를 하고, 그 효과를 비교하는 것이었다. 치료방법은 환자가 온천수에서 허리까지 입욕하는 반신욕의 방법으로 38~40℃의 수온상태에서 20분간 입욕 후 10분 휴식, 다시 20분 입욕하는 방법으로 3주 동안(주 5회) 입욕 중 근력운동과 관절운동을 병행하여 치료효과를 관찰했다. 그 결과 동일한 상태와 방법에서 일반온수치료군 보다 치료효과가 탁월했다. 관절통과 관절운동 범위·보행 속도·보행 안정성이 향상된 것이다. 그리고 부가적으로 피부에도 효과적이고, 온천욕을 한 후 행복도가 높아졌다고 임상 환자들이 반응을 나타냈다.

김 원장은 "임상실험 결과 온천수를 이용한 재활치료가 일반 물을 이용하는 것 보다 효과적인 것으로 나타났지만, 퇴행성관절염 치료는 병원치료와 온천욕 재활치료를 병행하는 것이 바람직스럽다"고 조언했다.

여행길잡이

교통

대전요양병원 – 대전광역시 유성구 문화원로 146번길 7-24
☎ 042)717-7575

대전성세병원 – 대전광역시 유성구 온천북로 33번길 21-32
☎042)543-2111

유성한가족병원 – 대전광역시 유성구 온천동로 43 ☎042)611-9000

유성웰리스재활전문병원 – 대전광역시 유성구 온천동로 3 ☎042)824-6900

'아토피', 효과 봤어요.

'아토피'는 어린아이들에게서 많이 나타나지만, 어른이 되어서도 괴롭히는 피부병이다. 좀처럼 낫지 않고 숨었다가 다시 나타나고를 반복하며 괴롭힌다. 남성 보다는 여성에게 많이 나타나는 이 '아토피'는 별다른 치료법이 없는 것이 현실이다. 그래서 어린아이들이 아토피가 심하면 부모들은 전국으로 유명하다는 병원·한의원을 찾아다니고, 급기야 효과를 보지 못하면 시골로 아예 이사를 해서 공기 좋고 오염이 덜 된 자연 속에서 아이를 키우는 경우도 보게 된다. 그런 고통스런 아토피피부염이 연

고도, 약도 아닌 온천수가 효과적이라는 것이 밝혀져 관심을 받고 있다. 바로 유성온천수인데, 유성온천이 침체기에 접어들어 관광객 수가 줄어들고 있는 상황에서 이러한 연구결과는 대단히 반가운 소식이 아닐 수 없다. 연구자는 충남대학병원 피부과 서영준 교수다.

유성온천수의 새로운 발견

서영준 교수는 2012년 한국온천학회 연구원 자격으로 이 연구를 진행했는데, 뜻밖에 큰 수확을 올렸다. 유성온천수가 아토피피부염에 좋다는 것은 상상도 못한 효능이었다. 그래서 더욱 유성온천에 대한 관심이 높아졌다. 유성온천수가 관절염, 재활치료에 탁월하다는 연구는 이미 밝혀졌지만, 아토피 피부에 효과가 있다는 것은 이번이 처음이기 때문이다.

유성온천이 피부에 좋다는 것도 평소에 일반인들도 자주 느껴온 것이다. 온천수에 목욕을 하면 피부가 미끈하고 부드럽다. 하지만 집에서 목욕을 장시간 한다든지 오랫동안 반복해서 하면 피부가 불편하다. 흔히 피부가 '뻣뻣하다'고 표현한다. 이는 누구나 확연히 느껴지는 현상이다. 그래서 휴일에 목욕을 하려면 이왕이면 유성온천을 찾는다. 그리고 목욕 후 순대국밥 한 그릇 먹고 집에 들어가는 일상이 우리 유성사람들의 오래된 휴일 풍경이었다. 그런데 유성온천수가 심하면 소양감까지 동반하는 아토피피부염에 효과가 있다는 사실이 밝혀져 앞으로 유성온천수는 단순히 피로회복 차원이 아니라 의료관광까지 연계할 수 도 있는 가능성이 열렸다.

아토피 피부염에 탁월한 효과

그러면 서 교수의 연구결과는 무엇일까. 한마디로 유성온천욕이 아토피 피부염 환자의 증상을 완화 시켜줘 아토피 피부염 치료에 가능성이 증명됐다는 것. 실제로 서 교수는 아토피성 피부염 환자 15명에게 4주 동안 매주 3차례 30분씩 온천욕을 하게 한 결과 △온열요법에 의한 항소양감 효과와 항염증 효과 △정신-신체적 웰빙 효과 △스트레스 완화 효과 △피부 박피 작용 △항균 작용과 포도알 구균의 집락의 감소 등에 따른 아토피성 피부염 증상이 완화된 것으로 나타난 것을 확인했다. 그리고 "유성온천을 이용한 온천욕이 아토피 피부염 환자에서 증상 완화에 유용하며 모든 환자들에서 자극성 피부반응을 보이지 않아 안전성도 있는 것으로 나타났다"고 밝혔다.

이런 유성온천수는 앞으로 "약물치료 등의 기존 치료법으로 개선을 유도하면서 온천욕을 보조적 치료로 이용하면 유용할 것"이라는 견해와 함께 "이에 대한 연구가 지속될 필요가 있다"고 주장했다. 이를 구체적으로 알기위해 온천 치료의 의학적 효능에 대한 연구를 소개하면 "온열효과로 인한 신진대사 증가, 혈관 확장, 진통 작용, 중추신경계 안정, 관절 재활, 피부살균, 피부미용, 스트레스 완화 등에 효능이 있다"는 것이다.

온천수 활용한 대표상품 개발 가능

그리고 또 한 가지. 유성발전을 논할 때 유성온천 활성화가 빠지지 않는다. 민선 지방자치시대 이다보니 정치인들은 선거 때가 되면 유성발전에 대한 대안을 제각기 내놓는다. 하지만 유성온천을 활성화해야한다는 말만 되풀이 할뿐 뚜렷한 대안을 제시하지 못하는 것이 그동안의 현실이었다. 그도 그럴 것이 유성온천에 대한 향수에 젖어 있을 뿐 과학적 접근이 이루어지지 않았기 때문이다. 그러다보니 과학적 발전방안도 나올 수 없는 일이었다. 그런데 서 교수의 연구 발표는 유성온천수 효능에 대한 대단한 결과이고, 이를 활용한 대표상품 개발도 시도할 수 있게 됐다. 이를테면 아토피용 로션과 크림은 물론 발모촉진용 샴푸 개발 등 온천을 테마로 하는 지역 대표상품 개발도 불가능한 일이 아닐 것이다. 실제로 이런 가능성은 대한온천학회 연구결과 발표에서 최옥병 호서대 교수와 강영환 브릿지커뮤니케이션 대표는 "온천을 테마로 하는 온천수 미스트, 아토피용 로션과 크림, 발모촉진용 샴푸, 영양농축액과 건강 기능식품 등의 상품과 '온천왕(溫泉王)의 귀환', '온(溫)나라 유성으로' 주제의 스토리텔링 방식의 마케팅과 홍보 방안을 제시하기도 했다.

의료관광사업도 시도해 볼만

대한온천학회에서는 유성온천을 의료관광사업과 연계해야 한다는 주장도 제시했다. 의료관광은 대전시가 먼저 추진한 것이지만 사업 전체를 살펴보면 '유성 온천수를 통한 건강관리'가 그 핵심이라고 할 수 있다. 둔산에 이름 있는 병·의원이 밀집한 의료거리가 있지만 꼭 아파서 대전을 찾거나 유성을 방문하는 사람은 많지 않다. 병원의 수준을 따져보자면 오히려 서울이 더 인기 있기 때문이다. 그런 면에서는 타 지역에 없는 상품이 있을 때 의료관광이 활성화되고 각광받을 것이라는 것은 의심할 여지가 없다. 바로 타 지역에 없는 상품이 유성의 천연온천수인 것이다. 온천수를 이용한 재활치료, 온천수 목욕을 통한 휴식, 건강관리, 재활치료, 아토피 효능 등은 유성을 의료관광의 허브로 만들기에 충분하다고 본다.

온천학회 연구용역에서도 책임연구원을 맡은 김철준 유성 웰니스병원 대표 원장은 "건강검진, 미용, 성형외과·치과 진료, 암·성인병 관리, 휴양 프로그램 개발 등 유성온천과 병행할 수 있는 다양한 의료서비스를 개발해 이를 의료관광과 연계시킬 필요가 있다"고 지적했다. 그는 또 "특히 대전시의 특화된 척추질환, 재활치료, 미용 등의 의료서비스와 관광자원, 호텔, 백화점 등을 연계한다면 가능성이 있다"고 진단했다.

김 원장은 이를 위해 온천의료관광특구 조성과 복합적 의료상품 개발, 체계적인 의료관광 매뉴얼 마련이 우선돼야 할 것이라고 강조했다. 유성구는 이에 따라 유성지역의 호텔·온천탕은 물론 의료기관과 여행사 등 유관기관을 하나로 묶는 의료관광사업을 적극 추진하고 있다.

여기에 유성온천수가 건강에 좋은 천연온천수라는 사실을 다시 한 번 확인했다. 한국지질자원연구원 이철우·조병욱 연구원은 유성온천수 성분 분석 결과 약알칼리성이며, 온도는 약 19-51℃, 대장균 등이 전혀 검출되지 않는 '천연 온천수'라고 입증 사실을 밝혔다.

온천욕이 피부에 좋은 7가지
이 내용도 대한온천학회 발표 내용이다.

온열효과 = 우리나라 사람의 불감온도는 36℃. 이 온도 보다 높을 때나 낮을 때 대사, 혈압, 맥박 등이 변화한다. 특히 우리나라의 고령층 사람들이 좋아하는 40℃ 이상의 고온욕일 때는 그 변화가 뚜렷하다. 온열의 직접 작용으로 중심체온이 상승하고, 그에 따라 신진대사가 증가하고, 모세혈관 및 소동맥이 확장되게 되며, 자율신경계를 통한 반사적 혈관확장도 일어난다.

혈관확장작용 = 온천의 온열 작용에 따라 온천수 내의 용존 물질이 피부를 통해 흡수되어 혈관을 확장시킨다. 그 결과 혈액의 순환이 좋아지고 온천으로는 탄산온천, 유황천, 유황나트륨온천이 있다.

각종 피부질환 = 온천요법은 예부터 피부질환의 치료에 이용되어왔다. 과거에는 부스럼증이나 매독, 나병 등의 질환에 대해 온천요법이 이용되었으나 항생제의 개발로 온천요법이 줄어들었다.

피부살균작용 = 일본의 경우 예전부터 피부질환에 효과가 있다고 전해진 쿠사츠 온천의 피부에 대한 작용을 검토하여 성인형 아토피성 피부와 건선에 효과가 있음을 실제로 증명한 보고가 있다. 연구에서는 아토피 피부염, 가려움증 등이 개선된 것으로 나타났다. 유성온천도 이와 유

사한 연구 과정이고 결과다.

피부미용효과 = 일본 3대 미인 온천 중 하나로 알려진 군마현의 가와나카 온천에 입욕하면 피부가 매끄럽고 윤기가 생기는 것을 느낄 수 있다. 이 온천수는 약알칼리성에서 나트륨과 칼슘이온을 다량 함유하고 있으므로 피부표면 상의 피지가 나트륨이온과 칼슘이온이 반응하여 미량의 비누가 만들어진다고 보고 있다.

보습효과 = 온천에 들어간 후에 바로 실감할 수 있는 피부효과로서 보온효과와 함께 보습효과가 있다. 피부가 보습력을 발휘하기 위해서는 피부의 가장 바깥층인 각질층을 형성하는 각질세포와 그 사이를 모르타르처럼 채워 주는 각질세포 간의 지질이 중요하다. 각질세포 간의 지질 중에서도 가장 중요한 작용을 하는 세라마이드는 친수성분으로 이루어져있다.

피부청정효과 = 온천수에 칼슘이온이 있는 경우는 입욕이 끝난 후 피부표면에 얇은 파우더를 발라놓은 것처럼 보송보송한 느낌이 생겨나 입욕 후의 피부를 보다 아름답게 만들어준다. 탄산수소나트륨천은 알칼리천으로서 표피의 피지와 오염을 세정해주는 작용을 가지고 있다.

유성온천에
귀 기울려 봐요.
숨겨진 비밀이 있습니다

유성은 온천의 도시로 성장해왔다. 최근 수년 동안 과학의 이미지가 강했지만 온천은 여전히 부동의 천연자원 1위를 지키고 있음을 부인할 수 없다. 그러면 유성에서 온천이 왜 중요할까? 두말할 것 없이 물이 좋아 상품성이 있기 때문이다. 일례로 온천물과 일반 물에서 각각 15일 동안 목욕을 했을 때 온천물에서는 문제가 발생하지 않았지만, 일반 물에서는 피부에 트러블이 생겼다. 이는 실제 있었던 의학적 임상실험 결과였다.

목욕은 보통 일주일에 한두 번 정도가 적당한데, 매일같이 온천욕을 했을 경우에도 문제가 발생하지 않는다는 것은 그만큼 유성 온천수가 인체에 이롭다는 것을 입증해주는 것. 그런데 일반 물에서 문제가 발생된다면 이것은 대단히 큰 문제다. 왜냐하면 피부 문제는 모든 사람, 특히 여성들에게 가장 큰 관심사이기 때문이다. 얼굴형은 세월 따라 미인의 기준이 달라지지만 좋은 피부는 지금까지 미인의 기준에서 벗어난 적이 없다. 이런 이유로 질 좋은 온천과 생활하는 유성 사람이야말로 행운이고, 특히 여성에게는 아름다워지기 좋은 환경이 아닐 수 없다.

온천수, 천연자원 부동의 1위

온천수 량에 있어서도 그렇다. 지하 1,000m에서 온천수가 취수되는 일반지역과 달리 유성온천수는 400m만 내려가면 온천수가 나온다. 온천수가 지반과 가까이 있기 때문이다. 이렇게 보면 설화에서 얘기하는 "다친 학이 날아와 들판에서 김이 모락모락 나는 물에 상처를 치유 했다"는 것도 실제 가능한 일이다. 그리고 유성온천과 역사가 비슷한 충남의 S 온천의 경우는 이미 온천수 고갈이 예견되어 특정한 시간대에만 온천

수를 공급한다고 한다. 그런데 유성온천수는 그 부존 량이 상당히 많은 것으로 추정되고 있다. 하루 1,600톤의 온천수를 채수하는데 전혀 무리가 없다. 유성온천사업소측은 이러한 현상을 수맥으로 설명하고 있다.

유성온천수는 수맥이 수통골과 일직선상에 있다는 것. 수통골은 계룡산 자락으로 유성에서 가장 큰 규모의 산이다. 그런 산에서 흘러 내려오는 물이 일 년 내내 지하로 스며드는 간헐천이다. 현대에 들어와 도시가 대부분 아스팔트로 포장이 되어있고, 대부분 물들이 하수구를 통해 빠져 나가기 때문에 지하로 스며드는 량이 적다는 것. 그래서 S 온천 같은 현상이 일어나는데, 유성온천은 수통골과 일직선상의 수맥으로 인해 부존 량이 유지되고 있다는 것이 전문가의 설명이다.

온천공 27개, 마르지 않는 온천수

그리고 지하로 스며든 물은 온천수로 되는데 20~30년이 소요된다고 한다. 그리고 여기서 한 가지 특별한 사실은 일반적으로 온천수는 400m 내려가면 그곳에 물이 고여 있을 것으로 생각하는데 전혀 아니다. 잘못된 상식이다. 400m 내려가면 그곳에 암반이 있고 암반을 뚫고 있는 온천수 채수 관으로 수맥을 따라 물이 몰리는 것. 이렇게 채수 관에 스며든 온천수는 깊이에 따라 온도가 다르고 땅위로 올라올 때는 모두 혼합되어 52도를 유지한다.

이렇게 24시간 채수된 물은 온천사업소에 있는 대형 탱크에 저장된다. 그 탱크 저장량은 무려 1,500톤. 규모도 웬만한 집채만 하다. 물론 채수 탱크는 보온처리가 되어 있고, 이 물들이 압력을 받아 52개 온천업소에 공급되는 것이다. 온천수 관은 늘 따뜻한 상태여서 업소까지 도달해도 온도는 1도 정도 낮아져 업소에서는 그대로 사용하고 있다. 이것은 유성구가 소유하고 있는 4개의 온천공 채수 량이다. 2014년에는 추가로 1개의 온천공을 개발했다. 그러면 개인공은 얼마나 될까? 놀랍게도 23개다.

자전거 타기 좋은 곳

전민동 엑스포코아~유성구청
전민동 엑스포코아에서 출발, 5분 후면 왼쪽으로 하수종말처리장이 보인다. 곧이어 원촌 사거리, 대전 MBC, 엑스포 다리, 국립중앙과학관, 유성구청까지 단숨에 달린다.

월드컵경기장~반석역
월드컵 경기장을 출발해 반석역을 지나 화훼단지로 내려오는 코스다. 노은지구 자전거 도로는 노은지역 일대와 현충원역 인근, 금병로에서 자운대까지 편리한 자전거 생활 교통형 활성화 노선 15.4㎞가 조성되어있다.

구성사거리~한국기계연구원
구성사거리를 출발하면 곧바로 원자력안전기술원 정문이 보인다. 여기부터는 내리막길. 지질박물관을 지나 전자통신 연구원 방향으로 오르막길을 오른다. 대덕대학 방향으로 자전거 타기를 계속하면 내리막길이 나오고, 목적지인 한국기계연구원에 도착한다.

갑천 만년교~구즉 신구교
갑천 만년교~구즉 신구교 개통식이 생각난다. 자전거를 탄 시민들은 하천 바람을 맞으며 시원하게 뚫린 자전거 길 14.5Km를 달렸다. 시민들은 이날 날씨가 풀린 덕택에 시원스런 강바람을 맞으며 이 구간을 달렸다. 붉은 우레탄을 깐 자전거 전용도로는 도심과 달리 장애물이 없어 무엇보다 안전하다는 것이 장점이다.

유성 여자는 왜 예쁠까?

명산

이름도 예쁜 **금수봉**

굽어진 산길마다
봄꽃이 숨어있네

몸이 나른하다했더니 봄이다. 매일같이 밀리는 원고에 파묻혀 있다가 갑자기 봄기운을 느끼고 싶어졌다. 그래서 찾아간 곳은 금수봉. 여느 때와 마찬가지로 오늘도 혼자 산에 오른다. 혼자 오르는 산은 둘, 셋, 아니 그보다 많은 사람들과 오를 때 보다 즐거움이 비교가 안될 만큼 크고 행복하다. 적어도 혼자 걷는 시간만큼은 마음에 강물 같은 평화가 찾아오고, 잠시나마 자연으로 돌아갈 수 있기 때문이다. 매월당, 허균, 황진이 같은 시대의 아웃사이더들을 유독 좋아하는 이유도 여기에 있다. 그들의 파격적인 자유가 바로 그것이다. 내가 좋아하는 자유 뒤에는 늘 고독도 함께한다.

혼자 산길을 걸을 때
마음은 새털처럼 가볍다.
찌든 일상에서
부딪치는 수없는 사람들
혼자 걷는 산길에는 없다.

혼자 산길을 걸을 때
마음은 창공에 떠있다.
그 짧은 시간에도
마음은 하늘을 날고
발걸음은 땅을 구른다.

혼자 왔다 혼자 가는 것을
인생이라 했던가.
혼자 올 때의 홀가분함처럼
오늘도 나는 산길에서
떠나는 연습을 한다.

-임재만 〈혼자 걷는 산길〉

자연의 소리에 반하다

봄 산 금수봉. 사실 며칠 전부터 봄꽃이 활짝 핀 금수봉이 눈에 아른거려 엉덩이가 들썩거렸다. 그래서 목요일 평일인데도 월차를 내고 아침 일찍 서둘러 금수봉으로 향했다. 수통골까지 와서 주차장에 차를 세우고 한걸음 한걸음씩 산을 올랐다. 산길에는 온통 봄꽃들이 피어있다. '비단에 수를 놓은 것처럼 아름다운 봉우리'란 뜻의 금수봉. 아마 봄꽃이 아름다워 그렇게 지었지 않나 싶다.

활짝핀 진달래가 등산객을 맞이한다.
숨 가쁘게 오르는 산길이지만
봄꽃의 아름다움에 마음만큼은 가볍다.

    수통골 폭포 삼거리에서 산을 오르니 제일 먼저 새소리가 나를 반긴다. 자연의 소리라는 것이 이런 것일까. 때 묻지 않은 맑은 소리가 감동적이다. 그리고 계곡을 끼고 가는 오솔길에는 겨울을 무사히 넘긴 고사리가 바위 밑에서 녹색 잎을 펼치고 있고, 각시 같이 수줍은 진달래는 아름다운 연분홍빛 색을 자랑한다. 눈물을 빛깔로 표현하라면 저 창백한 진달래색일 것이라는 생각이 든다. 그래서 소월 같은 시인은 나보기가 역겨워 가시는 임에게 '진달래꽃을 한 아름 따다 가실 길에 뿌리우리다'고 노래하지 않았을까.

    새싹과 피어나는 꽃들. 이것을 보는 즐거움이 봄 산행의 매력이 아닐까싶다. 산길을 한참 오르다 물소리가 크게 들려 바라보니 폭포 아래 유리알처럼 맑은 물웅덩이가 나타난다. 그리고 물웅덩이에 떨어진 꽃잎 하나와 어우러져 폭포는 한 폭의 산수화가 된다.

계곡이 끝이 나면 급한 경사가 시작된다. 경사는 너무나 급해 조심스럽게 쉬어가며 올라야한다. 그런데 그 가파른 산길 좌우로 진달래꽃이 정상까지 피어있어 지루하지 않고, 꽃들이 화려해 산을 오르며 누군가에게 환대를 받는 느낌이다. 수통골 폭포 삼거리에서 금수봉까지는 1시간 30분 정도. 이제 정상이 가까워졌을 것이라고 생각하니 곧바로 이정표가 나타났다. '→ 금수봉까지 0.6㎞'. 그 방향을 따라 20여 분을 오르니 금수봉 정상. 예쁜 정자가 나타난다. 정자는 아담하고 진달래꽃과 어울려 아름다움을 더한다. 정자 내부는 10여 명이 앉을 수 있는 의자가 있고, 일어서서 산 아래를 내려다보면 탁 트인 전망과 함께 도덕봉, 백운봉, 유성 일부가 보인다.

정상 보다 더 좋은 '空'

정상에서 땀을 식히며 먹는 물 한 모금. 남들은 산에 갈 때 사과, 떡, 김치, 사탕, 커피 등등을 가져간다. 하지만 나는 오이 몇 개, 그리고 물을 가져간다. 땀 흘리고 목마른 갈증, 배고픈 느낌, 다리가 후들거리고, 약간의 현기증이 나고, 그런 것을 즐긴다. 힘든 산행을 하면서 자연스럽게 나타나는 현상을 있는 그대로 느끼고 싶은 것이다. 너무나 편리하고 풍부한 요즘 세상. 언제 갈증을 느껴보겠는가. 언제 다리가 후들거릴 만큼 운동을 해보겠는가. 언제 깔끔한 물맛을 느껴볼 수 있겠는가. 그래서 최대한 마음을 비우고, 몸도 편안함을 허락하지 않는다. 그렇게 산을 즐기고 오르는 것이 나만의 산행법. 그 재미가 정상에 올랐을 때 보다 더 큰 행복감을 준다는 것을 알기에 그렇게 고집하고 있다.

정상에서 물 한 모금 마시고 하산을 시작했다. 너무나 급경사여서 조심조심 내려오니 넓은 평지가 나타난다. 바로 '성북삼거리'. 군데군데 사람들이 모여 있다. 음식을 먹는 이들, 연인끼리 정담을 나누는 모습, 그

렇게도 예쁠까! 어린아이를 안고 얼굴을 비비고 있는 젊은 엄마, 노부부
가 과일을 반쪽씩 나눠먹는 모습. 이처럼 아름다운 광경을 보며 이정표
를 따라 수통골 폭포 쪽으로 길을 잡았다. 여기서부터 시작되는 하산 길
은 등산로와는 달리 넓고 여유가 있다. 계룡산 남매탑을 내려올 때와 비
슷하다. 다시 만난 수통골 폭포 삼거리. 그곳에는 몇 시간 전 내가 산을
오를 때처럼 몇몇 사람들이 설레는 마음으로 길을 떠나고 있었다.

여행길잡이

교통　　내비 – 대전광역시 유성구 계산동 355-1 수통골 주차장.
대중교통 – 시내버스 11번, 102번, 103번, 104번.

산행코스　　**1코스** 삽재~도덕봉~금수봉~삽재.　**2코스** 수통골~계곡~
금수봉 쪽으로 등산~금수봉 정상~성북삼거리~수통골 주차장 쪽으로 하산.

두부와 막걸리

어린 시절 음식 중에 생각나는 것이 여러 가지가 있지만, 그래도 가장 많이 생각나는 것은 두부다. 기억으로는 1년에 3~4회 정도 어머니께서 두부를 만드신 것같다. 그때마다 내가 할일은 옆에서 열심히 광목자루에 담긴 콩물(두유)을 짜내는 일. 그리고 어느 정도 두부 만들기가 끝나갈 무렵에는 끓는 콩물에 간수를 넣으면 콩물이 서로 엉켜 순두부가 만들어지는데, 이때 간장으로 간을 해서 먹었던 기억이 난다.

유성에서는 그 맛있는 두부를 먹을 수 있는 집이 곳곳에 있어 행운이다. 특히 수통골 산행 후 막걸리의 유혹은 행복한 시간. 마실까? 말까? 갈증은 나고. 결국유혹을 뿌리치지 못한다. 막걸리는 고추나 양파도 좋지만, 두부만한 안주도 없다. 신 김치와 두부를 싸서 먹으면 처음 한잔만 하겠다던 다짐이 작심 3초가 된다. 수통골 산행을 마치면 내려오는 길에 두부집들이 눈에 띈다. 그중 '흑룡산촌두부'는 맛도 좋지만, 창업 스토리가 가슴을 짠하게 한다. 이집 주인장은 도시에서 사업을 하다가 실패 해 고향집에 돌아와 두부를 직접 만들어 등산객들에게판매하기 시작한 것이 대박이 났다. 시절도 전통 웰빙 음식을 찾는 것과도 맞았지만, 무엇보다도 직접 두부를 만들어 손님상에 올린 것이 가장 큰 성공 요인이었다. 그리고 현대식 카페 같은 분위기의 '초가'도 매콤한 두부두루치기를 먹을수 있는 곳이다. 유성에서 두부를 직접 만드는 곳이 또 있다. 유성시장에 있는'시니어클럽'. 이곳은 어르신들 일자리를 위해 만들어진 곳으로 두부도 경험 많은 어르신들이 직접 만든다. 순수 우리 콩으로 만들기 때문에 가격은 좀 비싸지만 만들기가 바쁘게 팔려나간다.

세상시름 모두 잊고
'나는 걸었네'

산을 좋아한 것은 어린 시절부터이지만 세월이 갈수록 점점 더 산의 매력에 빠지고 있다. 생각해 보면 어린시절에는 별다른 놀이터가 없었던 시골 생활이기에 산을 좋아했던 것 같고, 청소년기에는 친구들과 주말 법회에 참석하면서 산에 가게 됐다. 성인이 되어서는 체력을 과시하듯 이름난 산들을 찾아다녔다. 그런데 마흔이 넘으면서부터 산길을 혼자 걸으며 생각하는 생활이 찾아오면서 비로소 산과 하나가 되고 있음을 알게 됐다.

봄비 맞은 나무 생명감 느껴

특히 산에서 만나는 나무는 항상 보면 볼수록 마음에 안정감을 주고, 그 모습이 아름답다. 사실 우리는 일상생활에서 무엇에게 쫓기듯 정신없이 경쟁하는 삶에 힘겨워할 때가 많다. 아직 집장만을 못했으면 2~3년에 한번 씩 이사를 다녀야 하고, TV를 틀면 뉴스에서는 여·야를 나누어 싸움을 하는 정치인들 모습에 짜증이 나고…. 그런데 나무를 보고 있으면 정말 마음이 편해진다. 그리고 신비롭다. 나무는 누가 건들지 않으면 죽을 때까지 한 자리에서 살고, 쌓이는 스트레스 때문에 자신이 살고 있는 곳을 떠나지도 않고, 정치인처럼 상대와 싸움도 안하고, 사람들처럼 자연을 오염시키지도 않고, 오히려 맑은 공기를 주고, 땔감도 주고, 푸른 산을 만들어 사람들에게 휴식공간을 준다.

나무는 그렇게 세상을 아름답게 꾸미고 가꾼다. 이렇게 나무가 만든 아름다운 산은 사람들이 제일 먼저 찾아가고, 하늘을 날아다니는 새들도 보금자리를 꾸미고, 이런 나무를 한번쯤 숲 속에 벌렁 누워 바라보면 하늘과 맞닿은 모습이 그 어떤 아름다운 것과도 비교할 수 없다. 그리고 봄비가 막 그치고 난 후에 촉촉이 젖은 나무들을 보면 꽃같이 예쁜 새색시를 본 것처럼 생동감이 넘치고 생명력이 느껴진다.

'우산봉' 우산의 형상에서 유래

갑작스럽게 나무에 대한 예찬을 늘어놓아 당황스러울지 모르지만 우산봉을 오르며 나무에서 느낀 감동을 적은 것이다. 더욱이 어젯밤 봄비가 내려 겨울 내내 가물었던 산과 들에 생명을 주었고, 산을 오르는 길에 나무들도 기지개를 펴는 것처럼 활기차 보였다.

우산봉을 좋아하는 것은 산을 오르며 보는 숲의 아름다움 때문이기도 하지만, 유성의 많은 산중에서 유일하게 사찰이 있기 때문이다. 구암사에 도착해

'기우제를 지내자 비가 왔다'해서 우산봉.
연화봉을 지나 걷는 산길은
자연그대로의 투박함이 좋다.

그동안 일상에서 복잡했던 생각을 잊고 부처님께 삼배하며 마음을 비우는 시간은 더없이 행복한 시간이다.

산사에 갈 때면
발보다 마음이 앞선다.
일주일의 피로도
눈 녹 듯 사라진다.

산사에 갈 때면
나무들이 더 반긴다.
오랜만에 만난 친구처럼
눈에 익은 나무들과 인사한다.

산사에 갈 때면
몸부터 가벼워진다.
산길을 걸으며 도착한 산사
그곳은 내 마음의 안식처.

– 임재만 〈山寺로 가는 길〉

그리고 오르고 다시 하산 하산할 때 절 처마가 조금씩 조금씩 보이기 시작할 때의 설렘. 그 기분을 어떻게 설명해야할지….

우산봉은 높이 573.9m이다. 계룡산 천황봉(845m) 산줄기가 백운봉(536m), 갑하산(469m)을 거쳐 금강에 이르기 직전에 솟은 봉우리이가 바로 우산봉이다. 계룡산의 꼬리에 해당하는 산으로, 이름 그대로 정상이 마치 우산을 편 것 같은 모양을 하고 있다. 우산봉은 옛날에 마을 일대에 큰 가뭄이 들어, 이 봉우리에서 기우제를 지내자 빗방울이 쏟아지기 시작 하더니 큰 비가 와 그 후부터 비를 몰고 온 산 이라 해서 우산봉이라 불렀다고 한다. 또 우산봉을 새미, 우미, 삼시랑봉(三侍郎峯)이라고도 부르는데, 옛날에 아기를 갖지 못하던 한 여인이 이 산을 소중히 여기고 세 아들을 얻었다하여 삼시랑봉(三侍郎峯)이라고도 부르기도 하고, 세미래, 즉 삼미천(三美川)의 발원지라 하여 세미 변해서 우미라고도 부르는 산이라고 알려져 있다.

우산봉을 오르는 코스는 삽재 고갯마루에서 오르는 길이 있고, 노은 2동 구암사에서도 등반이 가능하다. 또 안산동이나 반포 송곡리에서 출발해 곧바로 우산봉으로 올라가는 길이 있다. 그중 구암사에서 오르는 길을 제일 좋아하는데, 절 주차장 왼편으로 돌아 올라가면 흔적골산(436m)이 있고, 우측능선을 타고가면 우산봉이 나온다.

흐드러지게 핀 봄꽃 '절정'

산의 등마루에는 소나무가 많아서 걷기에 편하고, 진달래와 철쭉이 흐드러지게 피어 아름다움을 더한다. 철쭉은 그 색이 유난히 강열하다. 한라산 철쭉은 오르는 산길 곳곳에 널려 있어 화려하다면, 우산봉 가을 산길 철쭉은 숲속에서 붉은 장미를 만나듯 그 어울림이 아름답다.

구암사에서 연화봉까지 떡갈나무·소나무 향기에 코 속이 상쾌하고, 연화봉 정상은 일출이 아름답다. 연화봉을 지나 다시 오르면 철쭉의 아름다움에 눈이 즐겁고, 이렇게 1시간 30분 정도 오르니 허벅지가 뻑뻑해지고, 드디어 정상.

정상은 기대한 바위이고 발아래는 급경사여서 낭떠러지다. 약간은 무섭기 도한데, 정상에서의 탁 트인 조망은 이를 잊게 할 정도로 빼어나다. 주위를 바라보니 남쪽으로 갑하산, 동쪽으로 대전 시내가 한눈에 보인다. 북쪽으로 가물가물 세종시와 공주로 넘어가는 마티고개가 보이고, 남서쪽 방향에 계룡산 자태가 웅장하게 펼쳐진다. 그야말로 절경이다.

산 정상에 올랐을 때 항상 느끼는 즐거움이다.

그렇다면 사람 사는 세상에서의 '정상', 그 의미는 무엇일까. 나에게도 정상의 의미는 남다르다. 늘 정상을 위해 노력해온 삶이다. 남을 이기고, 희생시키는 것이 아니라 자신과의 싸움에서 항상 승리자가 되어 삶의 만족을 얻고 싶었던 생활 말이다. 그래서 생활 속에서 후회가 없다. 조금 사회적 지위가 낮으면 어떤가. 이룬 것이 작으면 어떤가. 일관성 있게 포기하지 않는 삶의 자세가 중요하지. 그렇게 항상 긍정적으로 살았다. 그리고 외형적인 성공도 그리 급하지 않았다. 하지만 사람들은 성공의 의미에 대해 너무나 부담감을 안고 살아가고 있어 보인다. 그리고 실패에 대해서도 스스로 인정하려 들지 않고 보상심리에 쌓여 살아가는 이들을 많이 보게 된다. 그래서 사람들 얼굴에는 여유가 없다.

이쯤에서 좋은 문구 하나 소개한다. '나폴레옹은 수필가로 실패했으며, 셰익스피어는 양모 사업가로 실패했으며, 링컨은 상점경영인으로 실패했으며, 그랜트는 제혁업자로 실패했다. 하지만 그들 중에 어느 누구도 포기하지 않았다. 그들은 다른 분야로 옮겨가 자신에게 맞는 일을 찾

우산봉 정상에서 바라본 풍광

아 노력했으며, 결과는 우리가 알고 있는 그대로다.'(프랭크 미할릭《느낌이 있는 이야기》). 그렇다. 실패는 싸움에서 패배한 것을 의미하는 것이 아니라, 그 패배 속에서 좌절하고 더 이상 도전하지 않는 것을 말한다. 용기 있는 자는 패배를 겸허히 받아들이고 더욱 가열 찬 싸움을 시도한다. 성공과 실패의 차이가 바로 여기에 있지 않을까. 오늘 산행에서도 진정한 성공의 의미를 되새겨 보았다. 그리고 나의 삶을 눈치보며 허상을 쫓는 어리석음이 아니라 인내와 수양으로 더욱 알차게 살찌우고 싶은 욕망을 가져보았다.

여행길잡이

교통　　내비 – 대전광역시 유성구 북유성대로 487번길 130 구암사 주차장. 지번)안산동 93–1. **대중교통** – 시내버스 101번, 116번, 119번.

산행코스　　1코스 구암사~흔적골산~우산봉. 2코스 노은2지구(삼부르네상스 103동)~흔적골산. 3코스 안산동(어둔리)~안산산성~우산봉. 4코스 안산동(어둔리)~구절봉~흔적골산.

먹을거리　　우산봉은 1코스를 추천하고 싶은데, 이곳을 가기 위해 구암사에 도착하면 입구에 보일 듯 말 듯 한 맛집이 하나 있다. 「한알천」. 이집은 메밀과, 능이버섯을 이용한 건강식을 내놓는다. 그 첫 번째가 계절의 진미 막국수. 메밀 속에 비타민P 라고도 불리는 항산화 물질인 루틴이 우리 몸에 이로움을 준다. 그래서 혈관 속 찌꺼기를 제거하는 역할은 물론 모세혈관을 튼튼히 해줘 고혈압환자에게 좋다고 알려져 있다.
능이백숙은 속리산 능이버섯을 사용한다. 요즘 수입 산이 많이 들어오는데 오직 국내산만 고집한다고 주인장은 귀띔 한다. 능이버섯전골은 바지락, 밴댕이, 야채 등 20여 가지 재료로 육수를 뽑아 여기에 능이, 목이, 팽이, 느타리버섯과 당근, 감자, 호박, 배추 등이 들어가 맑은 국물이 담백하고 시원하다.

용이 살았다는 **금병산**

아! 발아래 명당이네…

어린 시절 재미있게 보았던 TV 프로그램 '전설의 고향'이 생각난다. 내용은 부부의 인연을 맺지 못한 남녀의 한 많은 사랑 이야기부터 사람이 되기 위해 백년을 기다리는 여우의 이야기까지 다양하다. 모두 우리 생활 주변에서 자주 듣던 이야기들이고 권선징악을 기본으로 한다. 또 우리가 살고 있는 지명과 관련이 있거나 지역의 특성에서 유래된 이야기들이 대부분인데, 이런 전설들이 우리 유성에도 많이 전해져 내려오고 있다. 그중에서도 천하제일의 명당이라고 말하는 금병산 능선 용바위 고개에 얽힌 사연이 흥미를 끈다.

금병산의 용은 사람을 출세시키고
귀하게 하는 용이라 한다(壯元及第, 錦衣還鄕).
그래서인가, 금병산 아래에는 자운대가 있어
우리나라 군 고위 간부들이 모여 공부하며
심신을 수련하고 있다.

용이 승천한다는 전설 '흥미'

금병산 용바위 고개에 얽힌 전설은 이렇다.

"옛날 금병산 중턱에 용이 되기 위해 승천을 기다리는 이무기 셋이 살았다. 이들은 청룡, 흑룡, 청흑룡이었는데, 서로 사이가 좋지 않았다. 청룡과 흑룡은 서로 만나기만 하면 물고 뜯으며 싸웠고, 청흑룡은 항상 그들의 싸움을 말리는 형편이었는데, 청흑룡 역시 사이가 나빴다. 용들은 비가 오면 싸웠다. 이유는 서로 먼저 승천하기 위해서였다. 그 때마다 금병산이 들썩거렸다. 그리고 열흘이 지나도 싸움이 끝나지 않았다. 그러던 어느 날 비가 다시 왔고, 용들의 싸움이 또 시작됐는데, 곧이어 하늘에서 천룡이 나와 이렇게 외쳤다. "그대들은 수도는커녕 매일 싸움으로 세월을 보내고 있으니 갈 곳을 잃었노라. 앞으로 해룡의 종이 되어 천년을 더 기다려야 하고, 그동안 바다에서 싸움을 마음껏 해보라."고 말하고 사라졌다. 그래서 이들 용들은 승천을 못하고 바다에 버려졌고, 그 후 여기 용바위에서는 싸움이 끊겼다. 그리고 백년에 하나씩 승천하는 용만 남아있다 한다. 금병산에 가면 용이 살던 굴이 셋 있는데, 지금도 그 안에 승천을 기다리는 용이 살고 있다고 전한다."

도참설에 따라 영산으로 지목

용은 옛날부터 신화와 전설에 등장하는 상상의 동물이었다. 특히 중국에서는 신성한 동물, 영수라고 하여 매우 귀하게 여겼다. 그리고 이러한 용을 우리나라에서는 '미르'라는 고유어로 불렀고, 우리 생활문화 속에 깊게 뿌리내렸다. 일례로 기우제를 지내는 것이 용을 숭배하는 대표적인 예이다. 용은 구름과 비를 부리는 신령스러운 동물로 인식됐고, 위엄의 상징으로 여겨왔다. 그리고 조선시대에는 용이 나타나는 꿈은 세상을 호령하는 왕이 태어난다는 뜻으로 여겼는데, 그런 전설 또한 흔하지 않은 이유는 용이 귀하고 소중한 존재이기 때문이다.

그런데 금병산에 용에 대한 전설이 있다는 것은 그만큼 유성이 소중한 지역이라는 증거가 아닌가. 풍수지리의 대가인 지창준 선생님은 "유성 주위에는 계룡산(鷄龍山), 금룡(병)산(錦龍(屛)山), 흑룡산(黑龍山)이 있으니 계룡은 새 시대를 여는 용(龍)이고(夜夜知時鳥)/금룡은 사람을 출세시키고 귀하게 하는 용이고(壯元及第, 錦衣還鄕)/흑룡은 하늘이 비를 주는 용이다.(黑者는 北方一·六水라)"라고 설명한다.

지창준 선생님이 이같이 설명하신 것은 그만큼 금병산이 아름다우면서도 무엇인가 특별한 기운을 담고 있기 때문일 것이다. 금병산 아래 우리나라 민족종교인 수운교가 오래전부터 터를 잡고 있는 것도 이를 증명해주는 것이라 생각해도 좋다. 수운교 관계자에 따르면 수운교를 이곳에 건립할 당시 "이곳에 사람이 많이 모일 것이다.

수운교 앞에는 소나무를 많이 심어 사람들이 와 쉴 수 있도록 하라. 앞으로 소나무 숲 아래까지는 많은 사람들이 살 수 있는 집들이 들어차는데, 그것은 무관들이 사는 집일 것이다"고 예언했다 한다.

용바위 고개 신비감 돌아

이렇게 신비로움이 있는 금병산을 오르기 위해 자운대로 향했다. 자운대 입구에서 수운교 방향으로 금병산을 바라보았을 때 정말 장관이었다. 차가 달려 수운교가 가까워지면서 마치 거대한 삼태기 속으로 들어가는 아늑한 느낌이 들었다. 금병산이 양손을 뻗치고 있는 형상이고, 그 모습을 멀리서 보면 병풍을 펼쳐놓은 것 같다. 그래서 그 아늑함에 예부터 도참설에 따른 영산으로 지목되어 오지 않았을까.

이런 느낌은 신도안에 갈 때도 마찬가지였다. 신도안이 어떤 곳인가. 조선건국과 함께 왕도 후보지로 지목되어온 곳이고, 이후에도 신령스러운 지역이라해서 우리나라 수많은 토속종교가 모여 있었다. 이곳에 가려면 유성의 끝자락 세동을 지나 우회전해서 들어가는데, 차를 몰고 달리면 계룡산 자락이 다가오는 듯하다. 천황봉이 내려다보면서 좌우로 계룡

산 줄기가 신도안을 둘러싸고 있는 지형. 지금은 이곳을 계룡대라고 부르고 있고, 우리나라 군의 수뇌부가 모두 자리 잡고 있다. 그런데 금병산 아래에도 우리나라 군 지휘관을 양성하는 3군 대학이 입주해 있는 것은 명당에 중요 국가시설이 들어선다는 것을 말해주는 것이 아닐까.

명당 터에 대해 감동한 마음을 앞세워 금병산을 오르기 위해 공군대학 아파트 뒤편 대전둘레산 잇기 7구간에서 등산을 시작했다. 무성한 풀숲을 헤치며 30여 분 올랐을까. 본격적으로 가파른 산길이 시작됐다. 50여 분 숨을 몰아쉬며 올라 도착한 곳은 노루봉. 이곳이 노루봉임을 알리는 알림판에는 "노루봉은 '제일'이란 나무꾼이 포수에 쫓긴 노루를 구해주자 노루가 그 답례로 명당자리를 안내해 주었는데, 그 이후 부친을 노루가 정해준 장소에 묘를 쓰자 부자가 되었다고 함. 그래서 노루봉이라고 부르게 됐다고 한다."라고 적혀있다. 노루봉에서 우측으로 능선을 타고 다시 걷는 동안 산의 아늑함과 완만한 등산로에 마음이 평온해진다. 대부분 산 능선은 큰 나무가 없어 햇빛을 피하기 어려운데, 이곳은 나무 그늘, 그것도 온통 우리나라 토종 소나무가 가득 차 있다. 바로 금병산의 진면목이다.

노루정에서 금병산 정상까지 약 40여 분 걷는 숲길에는 소나무, 상수리나무가 울창해 삼림욕 효과도 톡톡히 본다. 나무에서 나오는 피톤치드(phytoncide)는 생활 속에서 찌든 피로와 스트레스를 시원하게 날려준다. 그렇게 걸어 도착한 금병산 정상. 정상에서는 대전을 한눈에 볼 수 있었다. 조망이 최고였다. 그때서야 '아~ 발아래 명당이네' 라는 말이 저절로 나왔다.

그렇게 얼마간의 시간이 흐르고 다시 산길을 걸어 도착한 곳은 전설속의 용바위 고개. 전설 때문에 내심 기대가 컸다. 혹시 용바위가 있을까 하는 생각. 하지만 도착한 용바위 고개는 약 10여 평(33㎡) 정도의 둥근모양의 황토흙 공간이 있을 뿐이었다. 그런데 유난히 이 고개만 경사가 급했고, 나무가 없이 황토 흙만 남아있었다. 그래서 전설 속의 용들이 싸움을 심하게 해 나무가 모두 죽어서 생긴 빈 공간이 아닐까 하는 유

아적인 생각도 가져보고 싶었다. 그리고 바람은 모두 이곳으로 통해 가만히 앉아만 있어도 몸속까지 시원함이 느껴졌다. 하지만 이무기가 살았다는 동굴은 찾을 수 없었다.

　용바위 고개에서 왼쪽으로 내려가면 구룡이 나온다. 그리고 하산 길을 그대로 내려가면 원자력연구원이 나오고, 중간에 오른쪽으로 내려가면 자운대다. 우리는 자운대에서 올라왔기 때문에 오른쪽으로 하산을 했다. 하산지점은 육군대학 뒤편. 하산을 해서 육군대학에서 바라본 용바위 고개는 능선에서 유난히 우뚝 솟아있는 모양이었다.

여행길잡이

[교통]　**내비**-대전광역시 유성구 자운로 97번길 410 자운대 쇼핑타운 주차장. 지번)신봉동 230-14.　**대중교통** － 시내버스-606번, 911번. 마을버스-3번.

[산행코스]　**1코스** 공군대학 APT～금병산～운수봉. **2코스** 육군대학～용바위고개～운수봉. **3코스** 수운교본부～운수봉. **4코스** 운수봉～구룡 시계.

'숯골냉면' 열전

수운교를 돌아보고 나오는 길에는 신성동에서 숯골냉면 한 그릇 하길 권하고 싶다. 이유는 아주 오랫동안 유성사람들의 사랑을 받아온 냉면이기 때문이다. 이곳은 한국전쟁 때 평안도에서 내려온 피난민들이 모여 살던 집성촌이었다. 당시 피난민들은 어려운 생활을 하며 고향에서 먹던 냉면을 만들어 이웃들과 나눠 먹었다. 그렇게 평양냉면이 이어져 오다가 이곳을 지나는 사람들이 먹어보고 다시 찾아오고, 그렇게 입소문이 나면서 냉면집이 생기기 시작했다. 그때는 작은 동네에 할매냉면, 서도냉면, 오박사 냉면, 원냉면 등 상호가 다양했다. 그러다가 잘되는 집은 번창하고 조금 덜 되는 집은 문을 닫으면서 '숯골 원냉면'과 '숯골 원조냉면'만이 남아 지금까지 사람들에게 추억을 맛을 느끼게 해주고 있다.

먼저 4대를 이어온 '숯골 원냉면'. 1, 2대는 평양에서 냉면집을 운영했고, 3대 박근성 사장이 이곳에 터를 잡아 정통 평양냉면을 선보인 후, 지금은 4대 박영흥 사장까지 내려오고 있다. 손이 많이 가는 정통 평양식 냉면을 만들기 위해 강원도 평창에서 메밀을 직접 공수해 오고, 1년간 숙성시킨 동치미와 닭 육수로 맛을 내는 '숯골 원냉면'. 이집에서 내놓는 백숙과 만두도 인기 만점이다. 이집의 터를 닦은 3대 박근성 사장. 올해 나이 87세. 아직도 음식점에 출근 해 손님을 맞이한다.

또 하나는 '숯골 원조냉면'. 피난민들은 지금의 수운교 아래에 모여 살았는데. 당시 이규식씨 어머니도 냉면을 만들어 팔았다. 그분 역시 피난민이었다. 세월이 흘러 자운대가 들어서면서 그곳을 나오게 됐고, 이주하면서 현재 이권재 대표가 냉면 기술을 전수받아 지금까지 이어져오고 있다. 서도냉면은 신성동을 떠나 대전 서구 갈마동에서 냉면집을 하고 있다.

숲길 따라
쉬엄쉬엄 오르면…

평생 아름다운 산을 찾아다닌 산사람 소산 김홍조 선생님은 산행에 대해 이렇게 썼다. "산행은 가장 사람답고 자연스러운 활동이다. 우리 모두는 건강하고, 즐겁고, 보람 있고, 뜻있게 살아가기를 바란다. '질 좋은 삶'을 살아가는 길은 많으며, 또 사람에 따라 다르다. 나는 산을 가까이 하며, 산과 더불어 살아가는 것도 훌륭한 '질 좋은 삶'의 한 길이라 생각한다. 왜냐하면 산행이 가장 사람답고 자연스러운 활동이라고 믿기 때문이다. 산행은 우리들에게 성취와 건강 그리고 만족을 준다."

산행은 질 좋은 삶의 시작

소산 선생님은 우리 대전지역에서는 산악인으로서 가장 많이 알려져 있고, 고령까지 건강을 유지하며 산행을 했다. 그래서 그의 산행에 대한 철학은 특별한 의미를 부여하게 된다. 평생 산을 좋아했고 '산과 함께 살았다'해도 지나치지 않을 만큼 자타가 인정하는 산을 사랑한 사람 소산 선생님. 그래서 그가 말한 '산행은 질 좋은 삶'이라는 의미가 더 깊게 다가오는지도 모른다.

불교계뿐만 아니라 일반인에도 유명한 성철스님도 '질 좋은 삶'을 언급한 바 있다. 성철 스님은 생전에 언론 인터뷰에서 '왜 산으로 들어갔고 스님으로 한평생을 살았느냐'는 질문에 "인생을 돈으로 계산해서

100원 가치의 인생과 1000원 가치의 인생이 있다면 어떤 인생을 살겠는가? 나는 1000원 가치의 인생을 살기위해 절에 들어왔고 그렇게 산 것이다."고 답했다. 소산 선생님이 말한 '질 좋은 삶'도 이와 맥을 같이하는 것 같다. 어쨌든 살아가면서 자신이 가장 좋아하는 것을 하면서 산다는 것은 가장 행복한 것이라는 결론에는 이견이 없을 듯싶다.

하고 싶은 일 하는 것이 '행복'

　그러면서 조심스럽게 행복에 대한 접근을 하게 된다. 과연 '행복'이 무엇이기에 그토록 사람들이 갈구하는가. 「행복」은 운이나 기회를 뜻하는 아이슬란드 햅(happ)이란 단어에서 유래된 것이라고 한다. 바로 행복은 수수께끼 같은 성격을 지니고 있고, 삶에서 즐거운 시간을 보낼 때 우울함을 벗어던진 상태가 곧 행복으로 느낄 수 있다는 것이다.

　「행복」을 생각하면 오래전 감동 깊게 읽었던 어느 귀농 부부의 일기가 생각난다. "단오 날 아침에 닭장을 들여다보니 며칠 간 꼼짝도 안하던 어미닭 품속에서 예쁜 병아리 다섯 마리가 알을 깨고 나와 있는 모습에 기쁘기만 했다. 그렇지만 하루 종일 감탄만하고 있을 수가 없어 좁쌀과 옥수수 가루로 먹이를 준비하고 병아리 크기에 맞는 물그릇과 모이그릇을 찾느라 분주했다. 그리고 혹시라도 닭장에 빈틈이나 위험한 곳이 없나 챙기고, 단오 날에는 쑥이 좋다는 말을 듣고 쑥을 베러 나섰다"는 일기의 일부내용에서 이들 부부는 행복이라는 직접적인 표현을 쓰지는 않았지만 읽는 사람으로 하여금 저절로 활기찬 생활과 행복을 느낄 수 있게 했다. 이렇듯 귀농일기에서 행복을 엿볼 수 있었던 것은 바로 자신들의 삶에 대한 만족이었다.

아마도 성철 스님도 모든 이들이 불교에 귀의해서 승려로 사는 것이 가장 값진 인생이라는 말을 한 것은 아닐 것이다. 자신이 좋아했고 그렇게 살고 싶었기 때문에 그것이 가장 소중한 삶이 되었다는 의미일 것이다. 그리고 소산 선생님의 산행의 의미도 자신이 그토록 산을 좋아했다는 의미였지 누구에게나 산을 사랑하며 살아야 값진 인생이라는 뜻은 당연히 아닐 것이다.

그러면서 우리에게는 한 가지 교훈을 얻게 된다. 결국 행복은 '자신이 하고자 하는 일을 하며 성취감을 느낄 때'라는 것. 산을 좋아하는 사람은 바로 이런 점에서 '산 자체가 좋다'는 것이 전부일 것이다. 나에게도 산행이 이와 같다. 산행 마니아는 아닐지라도 귀농일기 주인공의 행복한 생활만큼이나 산행이 가장 여유 있고, 즐거운 시간이다.

나만의 안식처 암탉산 그루터기

내가 좋아하는 암탉산을 오를 때, 산 중턱에서 만나게 되는 작은 그루터기에 앉아 땀을 식히는 시간은 그 무엇과도 바꿀 수 없는 행복한 시간이다. 1시간 넘게 산을 오르다 만난 그루터기에서 한번쯤 앉아보면 세상 그 어느 것과도 바꿀 수 없는 편안함을 느끼게 한다. 이곳은 나만이 아는 숨겨둔 장소. 가족들이 사랑스러워도 가끔씩 혼자 앉아 지난날을 회상하고 싶을 때, 특히 어린 시절 늘 함께 시간을 보냈던 고향집 뒷동산에 있는 그루터기가 생각날 때마다 찾는 곳이다.

돌아가고 싶다

어릴 적 뛰어놀던

고향마을 뒤편 작은 동산

그곳에는 낮은 소나무 그루터기가 있었다

학교를 파하면

피곤한 몸을 쉬었다 오기도 하고

마을 앞 미루나무 숲 냇가를 감상하던 곳

어머니께 꾸중을 듣고

해지기만을 기다렸던 기억도…

그곳

도시로 유학을 와서도

넥타이에 승용차에 도시인이 다 되었지만

마음 한 켠은 늘 고향의 그루터기에

남아있다

이제 다시 돌아가고 싶지만

그리움만으로 끝나버리고 만다

지척의 거리인데

나는 왜

마음만 앞세우고

가지 못하는 걸까

왜 내게

그 질긴 유혹의 끄나풀이 끊어지지 않는 걸까

돌아가고 싶다

– 임재만 〈그루터기〉

암탉산은 금수봉 동쪽의 나지막한 산을 말하는데, 그동안 사람들은
빈계산으로 더 많이 불렀다. 빈계산, 한자의 뜻을 풀이해 보면 암컷 '빈

(牝)'자와 닭 '계(鷄)'자를 쓴 것이다. 그래서 빈계산인데, 순수한 우리말이 있는데도 이처럼 어려운 말을 사용하는 것은 그리 바람직스럽지 못하다는 생각이 든다. 그래서 이 책에서는 암탉산이라고 소개를 했다. 암탉산의 높이는 414m. 산세가 기운차거나 화려하지는 않지만 따뜻한 품이 느껴지는 유순한 산이다. 그래서 남성이 오르면 기운이 난다는 설도 있다. 그만큼 여성의 기운이 강하다는 것인데, 이는 여성을 비하하는 것이 아니라 풍수에 관심이 많은 사람들의 견해다. 반대로 여성이 오르면 좋은 산이 있다. 도덕봉은 남성의 기운이 강한 산이라고 한다. 어쨌든 암탉산은 마한의 54개국 부락사회국가의 하나인 신흔국(臣釁國)이 있었던 산이고, 산 정상 아래쪽으로 성터가 있고 우물터도 있다.

그리고 암탉산 주변 계산동을 이루는 마을 이름들도 생각해보면 재미있다. 계산동 사기막골 남쪽으로 마을이 있는데, 이 마을은 대장간이 있었던 마을이라고 해서 '대장말'이라고 부른다. 그리고 차돌모랭이 북쪽으로 '노루정'이라고 부르는 마을이 있다. 뒷산의 형국이 노루처럼 생겼다해서 '노루정'이다. '동막골'은 동쪽에 마을이 있으므로 '동막'이라고 부르고, 계산동 동쪽으로 '사기막골'이 있다. 이곳은 사기를 굽던 그릇 가마와 사기막이 있었다 해서 그렇게 부른다. 계산동 원계산 마을 서북쪽으로 '차돌모랭이'라고 부르는 마을이 있다. 이 마을은 '학전(鶴田)'이라고도 부른다. 마을옆 산에 차돌이 많이 박혀있다 해서 '차돌모랭이'고, 또한 마을 뒷산의 형국이 학이 날개를 편 형국이라고 해서 '학전'이다.

여행길잡이

교통 　내비 – 대전광역시 유성구 계산동 355-1 수통골 주차장. **대중교통** – 시내버스 11번, 102번, 103번, 104번.

산행코스 　**1코스** 수통골 주차장~빈계산 이정표 따라 등산~암탉산 정상~성북삼거리~수통골 방향으로 하산. **2코스** 수통골 주차장~도덕봉~금수봉~성북삼거리~암탉산~수통골 주차장으로 하산

'복용승마장' 즐기기

복룡공원 일대는 도참설에 따른 많은 이야기가 전해 내려오고 있다. 그래서 공원에 들어서면 신비감이 돈다. 복룡(伏龍)도 용이 엎드린 형국이라는 뜻이다.

도참설에 따르면 흑룡산 동쪽으로 용이 계룡산으로 들어가지 못하고 엎드려 있고, 그나마 흑룡산으로 들어가는 것을 소원으로 하고 있다고 해서 신선이 살만한 곳은 될 수 없어도 사람들이 살기에는 좋은 곳이라고 전해내려 온다.

그리고 이 지역에는 조선시대 어사로 유명한 박문수의 부친 박항한의 묘가 있는 곳이기도 하다. 박문수는 서른세 살 되던 해에 과거에 장원급제하고 여러 벼슬을 지내게 되는데, 암행어사로 호서지방에 나갈 때 계룡산을 들렸다는 기록이 있기 때문에 당연히 유성지역에 머무르거나 지나쳤을 것이라고 추측이 된다.

'복용승마장' 또한 복룡공원의 자랑이다. 승마는 고급 스포츠라서 TV에서나 보게 되는데, 유성구 복룡공원에 가면 누구나 승마를 즐길 수 있다. 승마장은 궁도장을 보고난 후 조금만 위로 올라가면 된다. 승마장 건물로 들어가면 대형 투명유리가 전망을 좋게 한다. 이곳 승마장은 회원들이 즐겨 찾지만 일반인도 언제든지 즐길 수 있고, 방학 때는 학생들을 대상으로 승마체험교실이 열리기도 한다. 그런데 승마도 매력이지만 이곳은 산세가 수려하다. 나무도 많고 공기도 좋다. **내비** – 대전광역시 유성구 덕명로 56번길 199. ☎042)825-2852.

유성을 한눈에…, **갑하산**

바스락… 바스락…
'늦가을'을 오르다

問余何事栖碧山(문여하사서벽산)
笑而不答心自閑(소이부답심자한)
桃花流水杳然去(도화유수묘연거)
別有天地非人間(별유천지비인간)

내게 무엇 하러 산중에 사느냐고 묻기에
웃기만 하고 답을 하지 않았지만 마음은 한가롭다네
복사꽃잎 떠 흐르는 물 아득한데
이곳은 별천지라 사람 사는 세상이 아니라네

– 이백 〈산중문답〉

바쁜 일상을 핑계로 몇 주 동안 산행을 못했더니 몸이 무겁고 둔해진 느낌이다. 가끔씩 차를 타고 야외로 나가면서 차창 밖으로 보이는 가을 풍경에 마음이 설레어도 선뜻 나서지 못했다. 그래서 오늘은 만사를 제쳐두고 무작정 길을 떠나기로 했다. 매번 그렇지만 먼 거리에 다른 지방의 산을 찾기는 힘들다. 거리가 먼 이유도 있겠지만 나는 우리 지역 유성의 산들에 관심이 많다. 어떤 이들은 이런 나를 보고 아직 산을 몰라서 그렇다고 하지만, 산을 알고 모르고를 떠나서 유성의 산들은 내 마음을 편하게 해주니 굳이 다른 지역의 이름난 산을 찾아갈 필요를 아직은 느끼지 못하고 있다. 오늘 가기로 한 산은 갑하산. 산 높이는 469m이고 세 개의 봉우리가 불상을 닮았다고 해서 삼불봉(三佛峯)이라고도 부른다. 산세는 가팔라서 오르기 힘들지만 가을 산으로는 그 어디 내놓아도 손색이 없어 늘 자랑한다.

'바스락' 소리에 가을이 퍼진다

갑하산을 가기 위해서는 동학사 방면으로 길을 잡아야한다. 얼마 달리지 않아 현충원에 도착하고, 정문을 지나 조금 더 가면 삽재고개를 넘기 전에 갑동 계룡휴게소가 나타난다. 여기서 다리를 건너 갑동마을 쪽으로 가면 길이 막히고 좌우로 갈라지는 삼거리다. 승용차를 타고 왔으면 좌회전해서 적당히 빈 공간에 차를 세우면 된다. 그리고 걸어서 100m 정도 들어가면 막다른 골목에 예쁜 전원주택이 있는데, 이 외딴집 앞에서 왼쪽으로 작은 개울을 건너 오르면 된다.

개울을 건너자마자 곧바로 산행이 시작된다. 가파르게 시작되는 산길 때문에 숨을 몰아쉬게 되는데, 어린 아이들과 함께 오르기에는 적합하지 않은 산길이다.

산길은 울창한 숲 때문에 낙엽이 두텁게 깔려 밟고 걷는 느낌이 그만이다. 그렇게 얼마를 올랐을까. 숨이 차 가슴이 뻐근하고 약간의 현기증이 난다. 바로 이 맛. 산을 조

삽재고개

갑 동

전해 내려오는 이야기에 의하면
갑하산 이름은 산줄기에 천하제일의 명당이 있기 때문에
붙여진 이름이라고 한다.
천하제일의 명당이 있다는 갑하산 아래
국립묘지가 있는 것은
우연의 일치는 아닐 것이다.

금 무리해서 오를 때 나타나는 현상이다. 나는 이 느낌이 좋아 산행 초반에는 20~30분 정도 쉬지 않고 오른다. 그렇게 오르고 나니 완만한 평지가 나타난다. 잠시 휴식을 취하며 바라본 늦가을 단풍은 '화려함' 그 자체. 푸르른 하늘에는 새들이 날고, 노랗게 물든 풀잎들, 산 중턱은 그렇게 산과 나무와 풀과 새들과 바위들만이 있었다. 산을 가로지르는 전기줄도 없었고, 듣기 싫은 자동차 소리도 들리지 않았다. 산 속의 고요, 평온함, 계절의 아름다움만이 있었다. 이백은 이래서 '산은 별천지라 사람 사는 세상이 아니라네'라고 했을까. 이렇게 가을 정취에 반해 다시 바라본 산 아래는 유성에서 동학사로 넘어가는 삽재고개가 실뱀처럼 긴 모양이었다. 그리고 반대편에는 역시 가파른 산 도덕봉이 보인다.

오랫동안 유성지역 풍수와 지명에 대해 연구해온 지창준 선생님은 삽재고개에 대해 이렇게 설명한다. "백제 말 신라군에게 쫓기던 계백 장군이 부하들과 이 삽재고개에서 후~유 한숨을 몰아쉬고 "창을 꽂아 놓고 잠시 쉬었다 가자"했다고 해서 삽재고개라 전해온다."

계룡이 힘차게 뻗어내려
갑하산 우산봉(雨傘峰)과 저 동북(東北) 금병산(錦屛山)
오봉산까지 한 허리 이어주는
오호라 예가 삽(揷)재고개로다.
백제말 계백장군 진(陣)을 물려 후퇴하다
숨돌릴사 창을 꽂(揷)고 바람같이 잠시 쉬었기로
삽(揷)재라 명(命名)했으니.

― 지창준 〈삽재고개〉

유성지역 원로 산악인들도 현대의 삽재고개를 "지금처럼 도로가 나기 40년 전 삽재고개는 말 그대로 협곡이었고, 눈이라도 오면 이곳은 넘지

보이는 봉우리가 갑하산 정상

못할 정도로 위험한 지형이었다.”고 말했다. 그래서인지 도덕봉에 대한 유래가 더 신뢰가 갔다. 이곳에 도둑들이 많이 살아 지나가는 행인들을 강탈했다 해서 도둑봉이라고 했다는데, 세월이 흘러 도둑봉이 도덕봉으로 바뀌었다는 것. 어쨌든 갑하산은 오르기에 가파른 산이다. 중간에서 조금 더 속도를 내어 오르니 드디어 정상.

정상, ‘발아래 명당이네’ 저절로…

정상에서 바라본 전망은 입이 다물어지지 않을 정도였다. 그렇게 높은 산은 아니지만 발아래는 대전현충원이 보였다. 현충원은 아늑한 보금자리였고, 한눈에 보아도 묘지로는 최고의 자리였다. 풍수지리를 연구하는 사람들의 말에 의하면 ‘현충원은 병풍처럼 명산으로 둘러싸여 보호를 받는 형상‘이라고 한다. 그 말처럼 정상에서 현충원을 바라보면 좌측에 봉우리가 두개가 있는데, 각각 우산봉과 문필봉이다. 갑하산까지 포함하면 세 개의 높은 봉우리가 현충원을 바라보고 있는 모습이다. 그리고 문필봉은 현충문·현충탑과 일직선상에 있고, 그 선상에 국가원수의 묘역이 있다. 현충원측은 "현충원을 조성할 때 문필봉을 염두에 두고 조성을 했다"고 하니 명당에 대한 속뜻이 있지 않았나하는 생각을 갖게 한다.

그리고 갑하산은 서쪽에는 명산 계룡산이 있어 대 자연이 펼쳐져 있고, 동쪽은 드넓은 도시가 자리 잡고 있다. 바로 유성이다. 갑하산 정상에서는 유성뿐만 아니라 대전 시가지도 한눈에 보인다. 그리고 갑하산은 대전시와 충청남도를 가르는 경계이면서 대전의 서쪽 울타리 역할을 하고 있다. 정확한 지도상 위치는 갑동 서쪽 산인데, 한자로는 甲下山(갑하산)이라고 부른다. 甲(갑)자는 갑옷이라는 뜻도 있지만 갑을병 천간(天干)의 첫째로 '제일' 또는 '우두머리'의 뜻도 있다. 전해 내려오는 이야기에 의하면 갑하산 이름은 산줄기에 천하제일의 명당이 있기 때문에 붙여진 이름이라고 한다. 천하제일의 명당이 있다는 갑하산. 이곳에 오르면 비로소 유성이 왜 사람이 살기 좋은 곳인지를 알게 된다.

여행길잡이

교통　　내비 – 대전광역시 유성구 갑동로 15번길 31 갑하산 등산로 입구. 지번)갑동 400-7. **대중교통** – 시내버스 107번, 300번, 301번, 340번, 341번.

산행코스　　**1코스** 삽재고개~갑하산~현충원. **2코스** 갑하산~매화봉~ 우산봉.

주변 볼거리　　앨리스팜은 전국에서 손꼽을 만큼 시설과 전문성이 뛰어난 원예(난) 체험농장이다. 신지식인으로 선정된바 있을 만큼 전문성이 있는 곳으로 3인 이상이면 원예문화체험을 할 수 있다. ☎042)826-8737

먹을거리　　갑동 쪽에도 음식점들이 많이 늘었다. 신성동 숯골냉면은 전국적으로 유명한데, 이곳에도 있다. 대통령도 다녀간 '우희경의 검은콩수제비, 이름이 독특한 '그림을 마시다'. 점심때 자리가 없어 기다려야하는 '방일 해장국'. 이들 맛집 중 방일 해장국은 푸짐한 소 내장 때문에 손님들이 즐겨 찾는다. 애주가들은 소주 한잔의 유혹을 뿌리치지 못한다. 수제비는 서민적이고 전통음식이라서 인기가 높은데, '우희경의 검은콩수제비'는 흑수제비다. 검은콩으로 만들어서 그렇다고 한다. 같은 수제비라도 건강해지는 느낌이다. '그림을 마시다'는 건물자체가 유럽의 성(城)을 연상시켜 보기만 해도 특별함이 느껴진다. 특별한 식사와 함께 갤러리에서 그림까지 감상할 수 있는 격조 높은 곳으로 각종 그림을 전시하는 갤러리와 레스토랑 등 복합공간이 어우러져있다. 갑동 지역도 최근에 사람들이 많이 찾으면서 맛집들이 늘었다. 장어집도 있고, 고깃집, 짬뽕 전문점도 있다.

소가 누워있는 모습 **우성이산**

소슬바람 부는 도룡정
여름인가… 가을인가…

산에 오른다
항상 그렇듯이
편안한 마음으로 오른다

산은 사람을 구별하지도
들은 이야기를 옮기지도 않는다

산에 오른다
항상 그렇듯이
가벼운 마음으로 오른다

산은 늘 그 자리에 있고
변해가는 사람들을 맞는다

– 임재만 〈산에 오르며〉

　가을에는 우성이산도 자주 간다. 정상까지 왕복 1시간 30분 정도의 짧은 거리라서 가벼운 산책 겸 등산으로 알맞기 때문에 이 산을 좋아한다. 우성이산을 가려면 도룡동 대전MBC 주차장에 차를 세우고 작은 도로를 건너 산을 오르면 된다. 그런데 처음 20여 분은 가파르게 올라야하기에 연령이 높거나 건강이 좋지 않으면 이 코스를 권하고 싶지는 않다. 오르막길을 20여 분 오르고 나면 몸이 후끈 달아오른다. 그리고 숨을 깊게 들이마시면 풀냄새가 코끝에 닿아 산 속에 있음을 느끼게 한다. 바로 산이 주는 매력이다.

내 마음을 살찌운 것은 '산'

산은 이처럼 마음에 평온을 가져다준다. 더욱이 초가을 산은 이름 모를 야생화, 넝쿨, 조금씩 색이 변해가는 나뭇잎들은 그 어떤 것보다도 아름답다. 산은 초가을만 아름다운 것은 아니다. 4계절 모두 특색이 있어 계절마다 그 순간이 가장 아름다운 것처럼 느껴진다. 그런데 새로운 계절이 오면 또 다른 느낌으로 산은 다가온다.

고인이 되신 어느 유명 시인은 "나를 키운 것은 팔 할이 산"이라고 했다. 그런데 나는 시골 출신이기 때문에 어린 시절 놀이터가 산이었고,

또래가 없었던 어린 시절 친구도 뒷동산 미루나무였다. 변변한 놀이터
나 놀이기구가 없었던 어린 시절은 산과 냇가, 논과 밭 그런 자연이 가
장 가까운 놀이 공간이었다. 학교에 가지 않는 일요일이나 여름방학에
는 돗자리를 가지고 동네 뒷동산에 올라 자리를 펴고, 그곳에서 숙제를
하고, 멀리 보이는 냇가도 감상하고 했으니 말이다. 그야말로 촌놈 중에
촌놈이었다.

　　그런데 이렇게 나의 내면에 깊게 자리 잡은 농촌생활 때문에 힘든 적
이 있었다. 그것은 처음 도시에 와서 자취생활을 할 때였다. 잘 이해가
가지 않을 지도 모르지만 중학교까지 시골에서 생활했는데, 갑자기 대전
이라는 큰 도시에 와서 생활하려니 모든 것이 낯설었던 것이다. 길도 황

토가 아닌 아스팔트, 문을 열면 논과 밭이 아닌 콘크리트 벽, 답답해서 옥상에 올라도 보이는 것은 빌딩들, 삭막하고 외로웠다. 또래가 없던 어린 시절에도 산과 들이 친구가 되어 주었는데, 도시는 그런 것도 없고 정서적으로 너무 힘들었던 기억이 지금도 아픔으로 남아있다.

하지만 이와는 정 반대로 농촌생활이 도움이 된 적이 있었다. 군대를 강원도 철원으로 갔는데, 도시에서 성장한 동료들은 산 생활을 너무 힘들어하는 반면 나는 전혀 그렇지 않았다. 훈련을 하더라도 산이 좋았고, 훈련 중에 산에서 잠을 자는 것도 고향에 온 것처럼 편안했다. 100㎞를 행군하면서도 산길을 걸으며 혼자 생각하는 습관 때문에 오히려 재미있었다. 그리고 졸병 때는 얻어맞기가 일쑤인데, 행군할 때는 누구나 힘들기 때문에 선임들이 졸병들을 괴롭힐 여력이 없어 모처럼 만의 자유 아닌 자유를 누렸던 기억도 있다. 어쨌든 그렇게 세월이 흘러 이제 나이가 40대 중반이지만 여전히 어린 시절 시골생활에 대한 동경이 그대로 남아 있어 퇴직을 하거나 다른 변수에 의해 생활에 변화가 찾아오면 다시 시골에 가서 살고 싶은 마음이다.

왠~지 정이 가는 우성이산

이런 전원생활, 특히 산을 자주 오르면서 얻는 행복감은 내 생활의 활력소이다. '산을 오르며 행복을 얻는다'. 시 적인 표현인데 현대인에게 너무나 좋은 것 아닌가 생각된다. 경제적으로도 효율성이 높고, 건강에도 좋고, 정신적인 여유를 가져서 좋고, 이보다 더 좋은 것은 없는 것 같다. 비싸게 돈을 주고 여가를 즐길 필요도 느끼지 못하고, 이런 비용 때문에 스트레스를 받아야 할 이유도 없고, 특별한 취미생할을 위해 먼 거리를 다녀야할 위험성도 없고, 다른 사람과 함께 해야 하는 취미생활 때문에 격식을 따져야할 것도 없다. 산을 오르며 온몸으로 느끼는 산의 아름다움 그 자체로 모든 것이 해결되고, 만족감도 얻고, 이 보다 더 좋은 취미가 또 있을까.

산을 오르면서 늘 그렇게 특별한 목적의식 없이 자연스럽게 다녔다. 오히려 어려운 일이 찾아오면 더욱 자주 다녔다. 가끔씩 계룡산이나 지리산을 다녀오기도 하지만, 마음만큼은 유성의 가까운 산을 다녀오는 것만큼은 못하다. 그중 우성이산은 아끼는 산 중 하나다. 산을 오르면서 우성이산의 전체 모습을 볼 수는 없지만 산 반대쪽 둔산에서 보면 산의 모양이 꼭 소가 누워 있는 것 같이 보인다. 그래서 산 이름이 우성이산이다. 그리고 형상은 소의 머리 쪽은 갑천을 바라보며 누워있는 형국이다. 산 높이는 179m로 아담하다.

20여 분 숨을 몰아쉬며 오르고 나서 다시 걷다보면 오르고 내려가기를 반복한다. 이런 과정에서 산길을 걷는 재미에 푹 빠져 몸과 마음이 가벼워진다. 하늘을 올려다보면 눈이 부시게 푸르다. 그 하늘 아래 나무와 풀들은 있는 힘을 다해 햇살과 바람을 빨아들이며 가는 가을을 만끽한다. 좁은 산길에서 만난 발아래 구절초도 가을을 알린다. 그밖에 이름 모를 가을꽃들도 제 각기 아름다움을 뽐내고, 키가 큰 밤나무, 상수리나무에서는 다 익은 밤과 상수리가 발아래 툭툭 떨어진다. 이렇게 해를 거듭하며 다시 자라고, 시들고를 반복하는 식물들, 늘 그 자리에서 눈비를 맞고, 새로운 계절을 맞이하는 나무들이 부러울 때가 있다.

갑천과 우성이산 환상의 조화

이런 저런 생각에 빠져 걷는 동안 등에 땀이 흐르고…. 드디어 정상에 도착했다. 눈앞에 나타난 것은 도룡정. 대전엑스포를 기념하기 위해 지난 1993년에 세워진 도룡정은 한눈에 보아도 아름답다. 보통 정자는 단층인데도 도룡정은 2층 모양이다. 도룡정에서 본 갑천의 풍광 또한 빼어나다. 우성이산을 휘 감고 돌아 흐르는 갑천이야말로 우성이산을 명당으로 만든 주인공이다. 보통 명당은 물이 흘러 들어오는 것은 보이지만 물이 흘러 빠져나가는 것은 볼 수 없는 곳이어야 한다고 한다. 물이 흘러나가는 것이 보이면 복이 나간다는 것이 풍수지리를 하는 사람들의 주장

우성이 산에 오르면
갑천과 둔산을 한눈에 볼 수 있다.
그 중 갑천은 우성이산을 휘감고 돌아
우성이 산을 명당으로 만들었고,
그 물줄기 또한 아름답다.

이다. 그리고 합수지점. 그것이 명당이 갖추어야할 또 하나의 조건인데, 갑천은 우성이산 아래에서 대전천과 만나 다시 흐른다. 어찌 이같은 지세를 보고 명당임을 부인하겠는가.

도룡정에서 갑천만 볼 수 있는 것은 아니다. 대전의 중심 둔산도 손에 닿을 듯 가깝다. 대전을 '태전'이라고도 했고, '한밭'이라고도 불렀고, 어쨌든 넓은 평지임에는 틀림없음을 우성이산을 오르면 확인하게 된다. 이런 확인이 즐거운 것은 아마 유성에 대해 관심이 많고 사랑이 넘치기 때문일 것이다. 그래서 남들이 "좋아하는 산이 어디냐."고 물으면 그 때마다 대답은 유성의 산 들이다. 그런데 그 질문을 한 사람들은 대부분 실망을 한다. 원하던 답변이 아니기 때문이다. 그래도 내 생각에는 변함이 없다. 산에 관한한 나는 유명한 산 '등반'이라는 특별한 날보다 우성이산, 암탉산, 갑하산을 갈 때 더 진한 행복을 느낀다.

여행길잡이

교통　**내비** – 대전광역시 유성구 엑스포로 161 대전 MBC 주변 도로 주차. 지번)도룡동 4-5. **대중교통** – 시내버스 121번, 705번. 마을버스-5번.

산행코스　**1코스** 대덕터널~도룡정(우성이산). **2코스** 쌍용빌라~엑스포과학공원~도룡정(우성이산). **3코스** 대전 MBC~도룡정(우성이산).

주변 볼거리　중부권 최대 교통안전교육센터가 유성에 있다는 것을 아는 사람이 드물다. 그런데 이 시설은 엑스포과학공원 안에 있다. 이곳에서는 교통에 대한 모든 것을 보고, 듣고, 직접 운전하며 한 시간 동안 체험 할 수 있다. 이용시간은 오전 10시, 오후 1시, 3시이며, 인터넷홈페이지(www.dtcc.or.kr)를 통한 사전예약제(하루720명)로 운영된다. **사용료** 어린이 · 청소년 2,000원, 성인 3,000원. ☎ 042)879-2000

일출이 아름다운 **왕가봉**

이방원이 오른 왕좌산에서
유성의 새아침을 맞다

　불과 몇 시간 차이로 해가 바뀌었다. 해마다 맞는 새해지만 유난히 올해는 마음이 설렌다. 몇 년간 못했던 새해 일출을 보기로 마음을 먹었기 때문이다. 장소는 유성에서 그래도 가장 일출이 좋다는 왕가봉. 이 산은 구암동 북서쪽에서 북쪽인 노은동과 경계를 이루는 산으로 왕좌산(王坐山)이라고 부르기도 한다. 산 높이는 200m 정도로 완만한데, 조선시대 태종 이방원이 왕자일 때 계룡산 신도안을 돌아보고 이곳에 와서 군사들을 지금의 진터벌에 진을 치게 했다고 한다. 그리고 이 산에 올라 군사훈련 모습을 지켜본 산이라서 왕가봉 또는 왕좌산 이라고 했다고 전해온다.

계룡서 내린 용이
錦屛(금병)을 좌익하고
빈계산(牝鷄山)을 우익하여
비상을 하려는 듯
탁 차는 형상이여!

앞으로, 만년강 유유히
새 시대를 향도하고
등 뒤로(左後) 우산봉이
어가(御駕)를 모셨으니

-지창준 〈왕가산(王駕山) 중에서〉

왕가봉 일출에 대한 기대감에 잠을 설치고 새해를 맞았다. 새벽 5시. 정해년 새해 해돋이를 보기 위해 길을 나섰다. 출발 후 40분. 왕가봉 밑에 도착했을 때는 이미 산악모임인 유산회(遊山會) 회원들이 산행을 준비하고 있었다. 그런데 이번 일출 산행의 특징은 장애인들과 함께 오르는 것. 이 행사를 기획한 것은 바로 「유산회」였다. 「유산회」는 주 1회 정기적으로 100여 명의 회원들과 산행을 하며, 유성구 주변의 산에서 환경정화 활동을 펼치는 산악 봉사단체다.

처음 보는 해돋이 기대 '충만'

회원들이 산행을 준비하는 동안 함께 오르기로 한 장애인들은 차안에서 추위를 피해 있었다. 잠시 후 인원 점검과 함께 안전 수칙이 전달 됐다. 해돋이 경험은 몇 차례 있었지만 이번처럼 도심 한복판에서 장애인을 도와 산행을 하기는 처음이다. 그래서 우선 해돋이에 대한 기대보다

새해 첫날,
왕가봉을 오르는 발길은 가볍고 신이 났다.
몸이 불편한 이들을 밀고 끌며 도착한 정상.
그곳에서 새해 소원을 함께 빌었다.

는 장애인들의 안전한 등산이 염려가 되기도 했다. 왜냐하면 이번에 동행하는 장애인들은 몸의 불편한 정도가 심하기 때문이다. 걸음이 불편한 장애인부터 척추를 못 쓰는 중증 장애인에 이르기까지 비장애인들이 살펴야할 부분이 많았다.

이렇게 얼마간의 시간이 지나는 동안 회원들은 정상을 향해 힘찬 출발을 했다. 유산회 회원들은 빠른 걸음으로 올랐고, 장애인들은 약수터까지 차량으로 이동했다. 그렇게 20여 분 오르면서 회원들 간의 덕담과 신년 계획을 들을 수 있었고, 그 발걸음에서 새해 첫날의 생동감이 느껴졌다.

참석한 장애인 중 아들과 함께 온 한 어머니는 "해마다 사람들이 해맞이 행사를 떠날 때 나도 한번 가보고 싶다는 생각을 했었지만 인파 속을 뚫고 나갈 자신이 없어 포기 하고 말았다"며 "이런 우리의 마음을 알아주고 도와주는 분들이 있어 너무나 기쁘다"고 말했다. 또 유성장애인복지관 재가복지팀장은 "장애인들과 늘 함께하고 있지만 이번처럼 뜻 깊은 행사는 처음"이라며 "들떠있는 장애인들을 보니 더 신이 난다"고 말했다.

드디어 약수터에서 장애인들을 부추기고, 당기고, 들고, 밀고 하면서 정상으로 향했다. 사람 하나가 간신히 지나갈 수 있는 좁은 등산로여서 회원들과 장애인들이 함께 지나기에는 어려움이 많았다. 나뭇가지를 헤치고, 4인이 함께 호흡을 맞추고, 한발 한발 옮기면서 정상과 거리를 좁혀나갔다. 그리고 힘이 들면 가끔씩 땅에 내려놓고 다시 시작하고, 그렇게 반복하면서 등산을 했다.

정상에서 맞이한 해돋이 '환호'

드디어 정상 도착. 해는 아직 솟아오르지 않아 주변은 어둠이 짙게 깔려 있었다. 장애인들이 해돋이를 잘 볼 수 있도록 자리를 배려하고 나서

간단한 식이 진행됐다.

식이 끝나갈 무렵 드디어 해가 솟았다. 바로 어제 일기예보에서는 구름이 많이 끼어 해돋이를 볼 수 없을 것이라고 했지만, 정말 다행히도 정해년 새해 첫 해돋이는 3분여 동안 그 붉고 아름다운 모습을 보여주었다. 참석한 장애인들과 회원들은 영롱하고 신비스런 모습에 탄성을 쏟아냈다.

산 능선을 딛고 힘차게 솟아오르는 해는 온 누리를 서서히 붉게 물들였고, 회원들과 장애인들은 흥분을 감추지 못하며 한동안 말을 잊었다. 병풍처럼 펼쳐진 산자락. 두둥실 아름다운 자태를 뽐내는 운해. 도심 속 한복판에서도 이처럼 아름다운 해돋이를 볼 수 있다는 것이 놀라웠다. 소아마비로 어려서 장애를 가지고 산 사람. 교통사고로 척추가 손상된 사람, 산업재해 등 후천적으로 장애를 입은 사람들. 그들의 입에서 나오는 새해 소망은 더 간절했다.

일출에 감동한 한 장애인은 "가족 모두가 건강하고 활기찬 한 해가 되었으면 한다."고 건강을 제일 먼저 새해 소망으로 꼽았다. 장애아를 둔 어머니도 가족들을 걱정했다. "가족들과 건강하게 살고 싶어요. 그리고 남편이 돈 좀 많이 벌어왔으면 좋겠어요." 옆에 있던 아들은 "대한민국 국민 모두가 행복하게 살 수 있는 그런 풍요로운 한 해가 되었으면 한다."고 의외로 큰 소망을 말해주었다. 새해를 왕가봉 정상에서 맞이한 유산회 회원들과 장애인들은 내년에도 첫 태양을 함께 볼 수 있기를 희망하며 서로를 격려했다.

여행길잡이

`교통` **내비** – 대전광역시 유성구 왕가봉로 23 계룡 리슈빌아파트 인근 도로 주차. 지번)노은동 552-3. **대중교통** – 시내버스 117번.

`산행코스` **1코스** 노은길~약수터~왕가봉. **2코스** 열매마을 11단지~불암사~왕가봉. **3코스** 열매마을 4단지~지족산(팔각정자). **4코스** 극동방송국~지족산(팔각정자). **5코스** 왕가봉~지족산(팔각정자).

`주변 볼거리` 어린이회관은 유성구 월드컵경기장 안에 있다. 유성에서 노은 동쪽으로 달리다 보면 월드컵경기장과 노은농수산물시장이 나온다. 거기에서 농수산시장 쪽으로 사거리를 지나 좌회전해서 들어가 다시 좌회전하면 월드컵 경기장으로 들어갈 수 있다. 경기장을 돌아 들어가면 이화원 중국집이 나오는데, 바로 그 맞은편이 어린이회관이다. 문을 열고 들어서면 아이들 눈이 휘둥그레진다. 그만큼 아이들이 좋아하는 볼거리, 즐길 거리가 많다. 어린 자녀를 키우는 부모들은 자주 오면 좋은 곳 중 하나다. 관람과 체험은 세계친구들 안녕(세계문화체험존), 우리 대전 사람들(직업체험존), 나도 운동선수(스포츠체험존), 에코빌(과학체험존) 등의 순서로 하면 된다. ☎042)824-5500.

`먹을거리` 왕가봉 아래에는 몇몇 음식점들이 있는데, '토종칼국수'가 유명하다. 이집은 맛좋은 칼국수를 주된 음식으로 손님들에게 오래전부터 인기를 끌고 있다. 칼국수는 국물 맛도 좋지만, 면이 퍼지지 않고 쫄깃쫄깃한 것이 특징이다. 산행 후에 한 그릇 먹고 허기를 채우기에는 딱 좋은 음식이다. 소주를 좋아하는 사람들은 족발을 시켜먹는데, 일반 족발과 달리 미니 토종 족발이다. 맛은 짭조름하다.

'도덕봉'일까?
'도둑봉'일까?
가파른 산타기 재미 '쏠쏠'

　강원도 철원군 지경리 인근의 589고지. 정확한 산 이름은 알 수 없지만 살아오면서 가장 오랜 시간을 산에서 보낸 곳이다. 지금 생각해보면 산과 정말 가까워지고 산의 아름다움을 알게 된 것은 군대생활이었다. 군 생활을 전방 철책선에서 3년 남짓한 시간을 근무했으니 말 그대로 '산중 생활'을 한 셈이었다. 그리고 군에서는 훈련이나 각종 작업이 모두 산에서 이루어져 고생이지만, 나에게는 의무병이라는 직무가 특별하게 했다. 다른 병사들은 훈련으로 산을 달리고 올랐지만 나는 예외였고, 그 시간에 혼자서 산길을 걸었다.

계룡산을 올려다보는 도덕봉.
산세가 사방으로 뻗쳐있고 경관도 좋다.

산은 부처님 같다
산을 오르면
미움이 사라지고
산을 오르면
마음이 평온해진다
무념과 여락
미움이 없고
모든 이에게 즐거움을 주고
그것은 부처님의 세계
산은 부처님과 같다

– 임재만 〈도덕봉에서〉

가파른 산타기 '도덕봉' 추천

졸업 후 대전에 와 직장을 다니면서도 바쁜 생활, 술과 일에 지쳐 시간이 부족했어도 산만큼은 늘 찾아 다녔다. 시간 때문에 먼 길을 떠나지는 못했지만 가까운 유성 근처 산들을 자주 올랐다. 도덕봉은 그런 산들 중 그래도 애착이 많이 가는 산이었다. 이름도 재미있지만 가까우면서도 산행의 즐거움을 만끽할 수 있는 산이었기 때문이다.

도덕봉은 계룡산에서 갈라져 나와 그 건너에 자리 잡고 앉아 그 모태인 계룡산을 올려다보고 있는 형상. 산세가 사방으로 힘차게 뻗쳐 있어 경관이 좋고, 특히 서북쪽 비탈은 숲이 좋고 비교적 순한 편이지만 동남쪽은 바위 낭떠러지여서 위험하기까지 하다.

휴일 아침 평소처럼 산을 찾았다. 늘 그랬지만 산을 갈 때도 발길 닿는 대로 간다. 오늘은 유성시장에서 수통골 가는 버스에 몸을 실었다. 수통골에서 도덕봉을 오르고 싶어서였다. 수통골에 도착해서 도덕봉 안내 표지판을 보고 오른쪽으로 산을 올랐다. 평소와 같이 20분 올랐을까. 가끔씩 숨을 몰아쉬면 차갑고 맑은 공기가 입과 코로 들어오는 것이 너무나 상쾌했다. 시원한 것은 입과 코뿐만이 아니었다. 차가운 바람이 눈에 부딪치면 눈 속까지도 시원함을 느꼈다. 비로소 산에 왔다는 느낌이 들었고, '아~ 이 재미야'라는 말이 저절로 나왔다. 그렇게 산에 30여 분 오르니 군데군데 커다란 바위들이 나타났다. 유성 인근 산에서 바위를 넘으며 산행을 할 수 있는 행운은 도덕봉 밖에 없지 않나 싶다. 때로는 가파르고 스릴도 있다. 그리고 산 중턱에는 다른 산 못지않게 나무들이 우거져 있고, 정상을 눈앞에 두고 철 계단이 있어 오르기에 현기증이 날 정도로 아슬아슬하다. 철 계단을 다 오르고 나면 전망대가 있는데, 발아래 풍경이 어찌나 아름다운지…. 건너편 암탉산 풍광이 한눈에 들어온다.

정상에 오르면 나무에 가려져 조망이 그리 좋지 않기 때문에 철 계단 전망대에서 조망을 마음껏 즐기는 것이 좋다. 산을 오가는 사람들의 말에 의하면 도덕봉 인근에 그 유명한 의상대사가 수도했다는 바위가 있다고 한다. 의상 대사는 원효와 함께 당나라 유학승으로 유명한데, 의상은 당나라에서 20년 수행 끝에 귀국해서 화엄종의 대가가 됐다. 그리고 부석사를 세웠다. 그런 의상대사가 유성의 도덕봉자락에서 도를 닦았다는 것은 정말 유성을 더욱 신비롭게 한다. 그때도 유성이 아름다운 곳으로 이름나 있어서였을까. 그때도 유성이 명당으로 손꼽혔을까. 어쨌든 그 자리는 계곡 주변으로 알고 있는데, 지금은 풀과 나무에 덮여 보이지 않는다.

도덕봉 도둑봉에서 변천

　의상 대사 이야기와 함께 도덕봉은 그 유래가 흥미롭다. 《한밭 그 언저리의 산들》에서는 "옛날 대전에서 삽재를 넘어 공주로 가는 길은 사람들의 왕래가 많은 큰 길이었다고 한다. 그래서 삽재길목을 지키고 있다가 행인들의 보따리를 빼앗는 도둑들이 많았는데, 그 도둑들은 행인들을 턴 뒤 도둑골로 숨어들어갔다는 것이다. 도둑골은 산새가 험하고 골짜기가 매우 으슥하여 도둑들이 숨어 지내기에 아주 좋았다는 것. 그래서 도둑골이라는 이름이 생겼고, 산의 이름도 도둑봉이라 불리게 되었다. 그러나 세월이 흐르면서 도둑골 도둑봉이라고 하기에는 이름이 너무 좋지 않아 점잖고 부르기에도 비슷한 도덕봉 도덕골로 부르게 된 것이라고 한다. 그런데 한편에서는 다른 견해도 있다. 의상대사가 도를 닦은 굴(수통굴)이 있다 해서 도덕봉이라 부르게 되었다는 이야기도 있지만 정설로 받아들여지지는 않는다."고 설명한다. 그리고 도덕봉 하나를 흑룡산이라고 부르는 사람들이 있는데, 실제로는 도덕봉, 금수봉, 암탉산 등이 있는 이 산줄기 전체를 흑룡산이라 불러야 한다는 사람들이 더 많다.

유성구청이 발행한 《유성의 역사와 지명 유래》에도 "유성구 덕명동의 도덕봉을 비롯하여 관암산(冠岩山), 백운봉(白雲峰), 금수봉(錦繡峰), 빈계산(牝鷄山) 등 웅장하게 산령을 이루고 있는 산을 여기서는 흑룡산(黑龍山)이라고 부른다. 계룡산의 남쪽 뒤에서 용이 숨어있는 산이라 부른다."고 기록되어 있다. 하지만 언제부터 어떤 근거에 의해서 그러한 이야기가 나온 것인가에 대해서는 밝혀진 것은 아직 없다. 따라서 계룡산 삼불봉, 관음봉으로 부르듯 흑룡산 도덕봉 또는 흑룡산 금수봉이라 해야 옳다는 주장이 설득력을 얻고 있다.

여행길잡이

교통　　**내비** – 대전광역시 유성구 계산동 355-1 수통골 주차장. **대중교통** – 시내버스 11번, 102번, 103번, 104번.

산행코스　　수통골~도덕봉 이정표 따라 등산~도덕봉~하산

주변 볼거리　　유성 궁도장은 복용공원에 있다. 복용공원은 유성 중심가 리베라 호텔에서 동학사 방면으로 가다가 천양원을 지나자마자 한밭대로 들어가는 길로 좌회전해서 200m쯤에서 다시 좌회전하면 된다. 이곳에서 2~3분을 달리면 눈앞에 유성 궁도장이 나타나고, 그 뒤편으로 대전에서 하나 뿐인 복용승마장이 보인다. 바로 이 일대가 복룡공원. 주변에는 온통 소나무와 다른 침엽수가 빼곡히 들어차 있어 마치 깊은 산속에 들어온 느낌이다.

복룡공원에는 궁도장이 있어 국궁을 즐기는 사람들이 즐겨 찾는 곳이 됐다. 궁도장은 외부에서 보면 그 위용이 너무나 장엄하고 아름답다. 면적은 17,797㎡ 이고, 지상 2층의 주건물과 부속건물이 있다. 이 건물은 현대식으로 운영되고 있어 궁도인들의 선호도가 높다. 활을 쏘면 화살이 자동으로 운반되고, 활을 쏘기 전에도 활의 온도를 유지해주는 '궁방' 시설이 있을 만큼 최첨단이다. 그런데 이 유성 궁도장이 아름다운 것은 무엇보다도 주변 경관 때문이다. 궁도장에서 주변을 바라보면 수려한 산세와 함께 한마디로 아늑함을 느낀다. **이용문의 ☎** 042)825-1130.

유성 여자는 왜 예쁠까?

유적

글 읽는 소리가 들리는 **진잠향교**

600년 전 선비들도
이랬을까?

　세상에서 가장 듣기 좋은 소리는 어떤 것일까. 어릴 적에는 크리스마스 종소리가 좋았다. 그리고 풀밭에 메어놓은 엄마소가 송아지를 부르는 '음~매'하는 소리, 한여름 찌는 듯 한 더위에 미루나무에서 울리는 매미소리, 시장에서 돌아오는 어머니의 대문 여는 소리가 반가운 소리였다. 그런데 성인이 되어 결혼을 해 아이들이 자라 글을 읽을 줄 알면서 문득 방안에서 들려오는 자식의 띄엄띄엄 글 읽는 소리가 지금까지 그 어떤 소리보다도 감동적이고 듣기 좋은 소리였다.

　이렇게 나이가 들어가면서 감동적인 모습과 내용이 달라지고 있음을 발견하는 요즘 옛 선인들의 삶의 흔적이 남아있는 진잠향교를 찾고 싶어졌다. 유성에서 논산방향으로 가다보면 원내동 롯데마트가 나오는데, 여기서 마트를 끼고 오른쪽으로 돌아 올라가 다시 우회전해서 들어가면 진잠향교가 나온다. 향교 앞에 서자 홍살문이 제일 먼저 맞이하고, 그 아래쪽으로 20m 정도 내려가니 풀숲에 작은 비가 세워져있다. 바로 하마비(下馬碑)다. 하마비는 말에서 내려서 걸으라는 뜻이고, 붉은색 홍살문은 '귀신을 쫓는다'하여 문이 붉은 색이라고 한다. 그리고 1970년 이전까지만 해도 향교 바로 앞에는 수백 년 된 느티나무가 서 있어 위용을 더해줬다고 한다.

홍살문을 지나 안으로 들어가니 오른쪽에는 향교, 왼쪽에는 양영루(養英樓)가 있다. 그 사이에 마당이 있는데, 여기서 2층 충·효·예교실로 올라가기 위해 발길을 옮기자 학생들의 사자소학(四字小學) 읽는 소리가 낭랑하게 들렸다. 순간 600년 전 우리 선인들이 이곳에 모여 공부했을 모습이 그려졌다.

온고지신의 현장 충·효·예교실

2층 교실에 도착했을 때 선생님의 가르침에 학생들이 큰소리로 따라하는 여느 초등학교 수업풍경과 다르지 않았다. 다만 한문을 익히며 옛 사람들이 했던 공부를 다시 하면서 선인들의 생각과 몸가짐을 배우는 것이 차

매미울음소리로 여름이 깊어갈 때
진잠향교에는
그 옛날 선비들이 그랬던 것처럼
글 읽는 소리가 들린다.

하마비는 말에서 내려 걸으라는 뜻이다

이점이었다. 바로 이런 때 온고지신(溫故知新)이라는 말을 사용하면 적합하다는 생각을 했다. 2012년 여름방학 충·효·예교실도 많은 참여 속에 시작됐다. 자라나는 청소년들에게 충·효 사상과 인성 교육을 통해 윤리와 전통적 가치관 정립은 물론 어른에 대한 공경심을 고취시켜 미래를 짊어지고 나갈 인재를 육성하기 위한 것이 개강 취지이다.

이런 충·효·예교실 덕분에 진잠향교는 활기차게 보였다. 아침 일찍 향교에 와 보면 어머니와 함께 와서 향교 마당에서 수업 시작을 기다리는 모습, 명륜당으로 들어가는 입구에서 장난치는 학생들, 그리고 손자·손녀를 업고 책을 읽는 할머니도 있어 눈길을 끈다. 해마다 방학을 맞아 개최되는 청소년 '충·효·예교실'은 올해로 30년 동안 계속되어 왔다. 그래서 이미 8,000여 명을 수료시켰으며, 올해는 80여 명의 청소년들이 등록하기도 해 지역 주민들의 적극적인 동참과 성원을 얻고 있는 교육 프로그램으로 자부심을 가질 만 했다.

진잠향교의 충·효·예교실 프로그램의 특징은 조상들의 충·효생활 알아보기, 예절교육, 진잠향토사, 한자교육, 애국윤리, 서예 등의 활동으로 다른 지역에서 보기드문 1일 3시간씩 총 102시간의 과정으로 진잠향교 양영루에서 자체 전문 강사진에 의해 진행되고 있다.

진잠향교, 조선시대 유학의 산실

전교 선생님으로부터 충·효·예교실에 대한 설명을 듣고 나서 다시 향교에 대한 설명으로 이어졌다. 잘 알려진 것처럼 조선시대에 유교이념은 국가와 사회를 지탱하고 발전시켜온 뿌리였다. 이러한 유교 이념을 교육시키고 유림들의 정신적 지주로 버텨온 것이 향교였는데, 지금으로 말하면 정식 학교다. 기록에 따르면 향교의 설치는 고려 태조 13년(930년) 평양에 학교를 설치하여 육부생(六部生)을 가르치고 문묘를 세워 제사를 지내기 시작한 것이 그 시작이 됐다. 이후 고려시대 전국 각 주(州)에 향교가 설치된 것은 인종 5년(1127년). 그러나 향교가 교육기관으로서 본격적인 면모를 갖추기 시작한 것은 조선시대부터였다.

태조 이성계는 1392년 조선을 건국하면서 유교를 국시로 삼고 백성을 교화하기 위해 모든 군·현에 향교를 설립하도록 했다. 그 결과 전국에 335개의 향교가 설치됐다. 이후 임진왜란과 병자호란을 거치면서 국가의 재정이 피폐해졌고, 계속되는 실정으로 향교가 국립교육기관으로서의 기능이 약화되어갔다. 이를 보완하기 위해 사립기관인 서원을 설치했으나 당쟁의 본산이 됨으로써 서원철폐의 운명에 처하게 됐다. 이후 유교교육, 인재양성, 풍속의 교화 등 유교이념에 입각한 이상사회 건설에 토대가 되었던 향교는 일제의 민족말살정책에 따라 교육기관으로서의 자격을 박탈당하기에 이른다. 그래서 향교는 문묘에 대해 제사지내는 기능만을 유지한 채 오늘날까지 이어져오고 있다.

진잠향교는 조선 태종 5년(1405년)에 세운 목조 기와 건물이고, 그 후 몇 차례 고쳤으며, 명륜당과 동·서양제와 대성전을 다 갖추고 있다.

그리고 유학의 고장으로 이름 높던 충청도에서 회덕향교와 함께 대전 인근 유학의 산실이 되어온 곳이었다. 최문휘 선생님이 편찬한《유성의 역사와 지명유래》에는 "처음 진잠향교가 세워진 자리는 지금 서대전 인터체인지가 자리한 반향골이었다. 그 후 언제 교촌동에 옮겨왔는지 확실한 연대는 알 길이 없다. 다만 이곳에 세워진 향교의 건물도 여러 차례 중수한 것으로 알려진다. 낮은 야산을 배경으로 하여 입구 쪽으로 면하고 외 3칸 소슬삼문형으로 지었다."고 기록돼 있다.

명륜당과 대성전은 향교의 상징

전교 선생님과 함께 외삼문에 들어서자 안쪽의 양옆에 동·서양제가 서로 마주보게 배치돼 있고, 정면 중앙에는 학문을 가르치던 명륜당이 있다. 명륜당의 평면은 정면 3칸 측면 2칸인데, 정면 3칸 중 좌측 2칸에는 우물마루로 된 통간의 넓은 대청을 들어서 강학공간을 만들고 우측 1칸에는 온돌방을 들였다. 그리고 대청의 전면에는 사분합 띠살문을, 측면은 외여닫이 판장문을 각각 달았고, 온돌방에는 외여닫이와 쌍여닫이 띠살문을 달았다.

그리고 명륜당 뒤로 내삼문을 지나 들어가니 높은 대지에 대성전이 위치하고 있다. 대성전은 중국의 5성(공자, 안자, 증자, 자사, 맹자) 6현(주돈이, 정호, 정이, 소옹, 장재, 주희)과 우리나라의 18현(홍유후 설총, 문창후 최치원, 문성공 안향, 문충공 정몽주, 문경공 김굉필, 문헌공 정여창, 문정공 조광조, 문원공 이언적, 문순공 이 황, 문정공 김인후, 문성공 이 이, 문간공 성혼, 문원공 김장생, 문열공 조 헌, 문경공 김 집, 문정공 송시열, 문정공 송준길, 문순공 박세채)의 위패가 모셔져 있고, 봄·가을 석전제가 올려지는 곳이다. 정면 3칸, 측면 2칸, 겹처마 맞배지붕을 이루고 있는데, 단아한 멋을 느끼게 한다. 향교에서는 나이에 따라 교육 과정을 2개로 나누었다고 한다. 하나는 8세, 또 하나는 15세이다. 8세는 소학을 다니고 15세에는 대학을 다니는데, 소학은 신분차이가 없지만 대학은 신분차이가 있었다고 한다. 출세한 양반 자녀들과 같이 귀족출신은 대학을 다녔지만 보통사람은 다닐 수가 없었다.

여행길잡이

교통 **내비** – 대전광역시 유성구 교촌로 67 진잠향교. 지번)대전광역시 유성구 교촌동 630–1. **대중교통** – 시내버스 211번, 704번. 마을버스–3번.

주변 볼거리 진잠은 조선시대 현이 있던 곳이다. 흔히 말하는 현감, 사또가 지방행정을 맡아 보던 관청이 있던 지역. 진잠동 주민자치센터에 가면 왼쪽에 기성관이 있는데, 바로 이 건물이 지금의 서구 일부와 유성 일대를 관활하던 동헌 건물의 일부이다. 이 건물은 처음에 교촌동에 있었는데, 1934년경 현재의 위치로 옮겨 다시 건립했다고 전해진다. 대전광역시문화재자료 제29호다.

먹을거리 원내동에 가면 진잠 우체국이 있는데, 그 주변이 진잠에서는 제일 번화하다. 많지는 않지만 몇몇 소문난 맛집들이 있다. 특히 이곳에 한마음냉면이 유명한데, 주인장이 사리원면옥 주방장 출신이다.

칠성당 **고인돌**

비나이다… 비나이다…
아들 낳게 해주는 영험한 곳

선사시대 조상들은 자연환경에 적응해 가면서 신앙을 갖게 되었는데, 아마도 생(生)과 사(死)의 두려움에서 출발한 원시적 형태였을 것이라는 추측이 가능하다. 의술이 전무했던 선사시대 조상들은 각종 질병으로 인한 죽음은 불가항력이었을 것이다. 그래서 죽더라도 다른 세상에 살고 싶은 욕망이 있었을 것이고, 이런 내세관은 일정한 절차를 갖춘 장례가 생겨나게 했다. 따라서 당시 무덤은 선사시대 조상들의 정신세계를 알 수 있게 해주는 중요한 자료가 된다. 그 대표적인 것이 '고인돌'이다.

유성지역에 집중 분포
고인돌은 신석기 후기와 청동기 시대에 유행한 대표적인 돌무덤의 형

한 여인이 칠성당에 백일 동안 엎드려
하루도 거르지 않고 아들 낳기를 빌어
소원 성취했다고….

제32호 칠성당지 석묘군

단호재 자료

태로 '돌을 고였다'는 의미로 고임돌, 굄돌의 표현이고 뚜껑을 받쳤다하
여 붙여진 이름이라고 한다. 거석문화의 일종인 이런 고인돌은 현재까지
알려진 분묘 형태 중 가장 오래된 것으로 유성지역 진잠, 내동리, 교촌
동, 대정동 일대에서 발견된 것은 역시 재론의 여지가 없이 유성지역이
선사시대 옛 조상들에게도 살기 좋은 환경이었다는 것을 확신하게 된다.

대전의 민속자료 32호인 '칠성당 고인돌'은 청동기 시대의 지석묘군으
로 7개의 바위라 하여 칠성바위라 불리고, 칠성댕이 사람들은 일년에 두
번 제를 지낸다. 음력 정월 열나흘날 마을의 공동우물에서 우물제를 지
내고 칠성바위를 위하는 용왕제가 열린다. 그리고 음력 칠월칠석날에 '칠
성제'라 해서 또 한 차례 제를 지낸다.

칠성당 고인돌의 위치는 정확하게 교촌동 산7-1번지. 이곳에 간 것
은 2005년 여름이었다. 햇볕이 따가워 가만히 있어도 땀이 줄줄 흐르는
무더운 날씨에 우리의 옛 장례문화를 살펴볼 수 있는 유일한 곳이기에 미
루지 않고 발길을 재촉했다. 유성에서 논산국도 4번으로 통하는 진잠길
을 따라 가니 진잠대로 전에서 안내표지판을 만난다. 그곳에서 우회전하
여 들어가면 칠성댕이 입구가 나오는데, 이곳을 지나면 낮은 구릉위에
자리한 7기의 고인돌, 칠성당지석묘(七星堂支石墓)이다. 그런데 이곳의

전경을 보면 주변에 소나무가 많아 아늑하면서도 신성한 무덤 분위기를 느끼게 한다. 그래서 당시 조상들이나 현대를 살아가는 우리가 문명의 차이는 있을 지라도 인간의 생명에 대한 느낌과 그 마지막을 편안히 하고 싶은 생각은 같았지 않았을까 하는 생각을 하게 된다.

칠성당 고인돌은 생김새가 바둑판처럼 넓적하다. 이 바둑판식 고인돌은 초기에는 지상공간에 주검이나 유골을 두었던 것으로 여겨지나 점차 개석식 무덤방의 영향을 받아 주변에 잔돌이 둘러지거나, 또는 받침돌만 남아있고 무덤방은 지하에 묘역의 중심에 묘표(墓標)로 만들어 지기도 했다고 하는데, 현대의 상석(床石)이 그 남아있는 형태로 보는 견해가 지배적이다.

고인돌은 대부분 무덤으로 쓰이고 있지만 공동무덤을 상징하는 묘표석 또는 기념물로 사용되는 것도 있다. 그리고 고인돌은 만들기 위해 많은 노동력이 필요했으므로 당시 지배계층이 존재했음을 알 수 있다. 고인돌에서 출토되는 간석기, 반달돌칼, 민무늬 토기는 본격적인 농경사회에 접어들었음을 보여준다. 남방식의 경우 괸 바위로 상석의 형태에 따라 거북바위·두꺼비 바위 등 민간신앙과 연관시켜 고인돌의 배치 상에서 칠성바위, 옛날 장군이 돌을 옮기다 말았다는 전설이 많아 장군바위 등으로 불리어 생활 속에서 친근감을 느껴왔다.

칠성신앙과 더불어 숭배되어온 곳

유성의 칠성당 고인돌은 자연마을 명칭에서도 보여주듯 칠성신앙과 결부되어 숭상되어 왔는데, 재미있는 전설도 내려오고 있다. 먼저 칠성신앙은 칠성을 모신 곳으로 칠성은 하늘의 별을 신격화한 것이다. 그래서 예부터 인간의 수명과 재물을 관장한다고 믿는 신이다. 바위 아래에 칠성당이 있었다고 전해지나 현재는 어느 곳인지 그 터를 찾기 어렵다. 그리고 이곳 주민들에 의하면 재미있는 전설이 있다.

"아기를 못 낳는 한 여인이 하루는 칠성댕이 마을 뒷산에 올라가니 그

곳에 북두칠성의 형상을 한 7개의 바위들이 있었다. 그 모양이 신기하게 생긴 지라 이 여인은 바위 앞에 엎드려 백일동안 하루도 거르지 않고 아들 낳기를 빌었다. 그리고 얼마 후 아이를 잉태하고 아들을 낳아 소원성취를 했고, 사람들은 이 바위들이 대단한 영험을 지닌 것으로 믿게 되었다. 사람들은 그 때부터 이 바위들을 칠성바위라고 불렀으며, 마을 이름도 칠성댕이로 불리게 되었다."

교촌동 칠성당 고인돌을 다 보았으면 주변의 고인돌 유적을 함께 가보는 것도 좋다. 칠성당 고인돌 반대편 옛 충남방적자리에 고인돌이 남아있다. 그리고 대전교도소 이정표를 지나면 아파트 단지가 보이고 그곳에 작은 공원이 조성되어 있는데, 이곳이 대정동 고인돌 유적지다. 이렇게 주변에 지석군 묘가 산재해있는 것을 보면 이곳이 청동기 시대에 많은 사람들의 삶의 공간이었음을 알 수 있게 해 준다.

여행길잡이

교통　　**내비** – 대전광역시 유성구 유성대로 155번길 60-7. 칠성댕이 고인돌. 지번)대전광역시 유성구 교촌동 462. **대중교통** – 시내버스 211번, 704번. 마을버스 3번.

봉덕사 석조보살 입상

부처를 닮은 석조보살,
그 미소에 반하다

　벌써부터 볕이 따갑더니 장마가 시작되려 한다. 모내기가 끝난 논에서는 벼들이 쑥쑥 자라고, 진초록 옥수숫대는 벌써 밭고랑을 메우고 있다. 차창으로 스쳐지나가는 산자락은 녹음이 짙어 한 폭의 그림이다. 바야흐로 여름의 문턱. 이런 초여름 날씨에 문득 찾아간 곳은 성북동에 있는 봉덕사. 봉덕사까지 가는 길에도 아름다운 여름 풍경이 눈을 즐겁게 한다.

고요·평온 속 '봉덕사'

　방동저수지를 지나 성북동 산림욕장 이정표를 따라 10여 분 달렸을까. 봉덕사가 가까워졌음을 알리는 안내판이 나와 그 길을 따라 300m 가서 오르막길을 오르니 산 중턱에 아담하게 자리하고 있다.

　차에서 내려 절 입구에 들어서자 낭랑한 스님의 염불소리만 들리고,

봉력사는 찾는 이도 드물고
그 흔한 관광객 하나 없다.
부처를 그리 호화롭게 대하지도 않고,
사천왕이 눈을 부릅뜨고
여행자를 노려보지도 않았다.

경내에는 아무도 없다. 가끔씩 들리는 뻐꾸기 소리는 한마디로 '고요', '평온' 그 자체. 절집 안마당을 가로질러 불상이 모셔져있는 적광전 안을 먼저 들여다보았다. 그 안에도 인기척은 없고 밤새 불공을 드린 흔적이 불상주변에 남아있다. 봉덕사는 이처럼 찾는 이도 드물고, 그 흔한 관광객 하나 없었다. 부처를 그리 호화롭게 대하지도 않고, 사천왕이 눈을 부릅뜨고 여행자를 노려보지도 않았다. 가진 것이라곤 지어 입은 옷 한 벌이 전부인 선승처럼 홀가분한 절집이었다. 그 가운데 유독 눈길을 끄는 것은 동남쪽에 있는 듯 없는 듯 한 석조보살입상. 고려시대, 혹은 조선시대 것으로 여겨지는 이 석조보살입상은 땅속에 묻혀 있다가 1935년에 발견됐다고 한다.

봉덕사의 현재 건물은 1940년에 지어졌으나 석조보살입상과 좌우에 있는 자연석으로 된 거북상 앞의 발에 있는 돌학 등으로 볼 때 그보다 훨씬 이전에 절이 있었던 것으로 학계에서는 추정하고 있다. 그리고 성북동 산성아래 한절골에 있는 절터에 불상의 발이 조각되어 있는 석 제품이 있는 것으로 보아 석조보살 입상의 원래 위치가 봉덕사가 아니었음을 추정하기도 한다고《유성의 지명유래》문헌은 밝히고 있다.

석조보살입상 미소에 넋을 잃다

석조보살입상을 바라보면 비록 못생긴 얼굴이지만 미소만큼은 아름답다. 맨땅에서 겨울에는 눈보라, 여름에는 장맛비를 맞는 석조보살은 왕관을 버리고 몸을 낮춰 고행을 하며 깨달음을 얻은 싣달타 부처를 닮았다. 그래서 봉덕사에 가면 마음이 편안해 진다. 과도하게 치장하지 않은 모습. 그저 평범한 아낙이 샘터에서 물 한 그릇 떠놓고 기도하는 분위기. 봉덕사에 단박에 빠질 수 있었던 것도 석조보살입상이 우리들처럼 낮은 자리에 있었기 때문일 것이다.

아마도 종교는 이렇게 마음이 편해지는 것에서부터 시

작되는 것이 아닐까싶다. 그래서 평소 종교가 무엇이냐고 묻는 질문에 나는 '불교'라고 말한다. 특별히 불교에 깊은 지식은 없지만 부모님이 절에 자주 다니셨고, 나도 성장하면서 불교고등학교인 보문고를 나와 더 친근감을 느끼게 되었다. 성인이 되어 인생을 조금씩 알아가면서 불교는 나에게 더욱 가깝게 다가왔다. 스님과의 대화, 스님들이 쓴 책을 읽으면서 나의 정서와 생각이 일치하는 부분을 많이 발견하게 됐다. 그중 하나가 욕심을 버리는 일. 여기서 욕심은 지나친 욕심을 말한다. 생활 속에서 가장 공감하고 있는 내용이다. 쉬운 예로 우리가 일상에서 자주 쓰는 말 중 자업자득(自業自得), 자승자박(自繩自縛)이라는 말이 있다. 자업자득은 한 스님이 도살장으로 향하는 트럭에 실린 살찐 돼지를 보고 깨달은 이치이다. 자승자박은 누에가 끊임없이 자신의 몸에서 실을 뽑아 집을 만들다가 결국 그 집에서 나오지 못하는 모습에서 알게 된 것이다. 이 모두가 지나친 욕심에서 비롯된 것임을 알고 나서 세상을 보는 눈, 세상을 살아가는 방식에서 하나의 교훈처럼 내 내면을 지배하고 있다.

봉덕사 석조보살입상을 좋아하는 이유도 이와 맥을 같이 한다. 지나치지 않음, 토속적인 느낌, 조각수법이 평면적이고 얼굴과 몸체 부분의 비례가 맞지 않은 것도 결코 밉지 않다. 높이가 263cm, 아래쪽 크기는 두께 40cm, 너비 90cm인 이 입상은 목이 짧고 납작한 얼굴에 행인형의 눈에 가장자리를 선으로 그리고 있다. 귀에는 귀걸이를 길게 내려뜨린 형상. 보관의 양 옆에는 구멍이 있어 장신구를 매달았던 것으로 보인다. 오른손은 곧게 아래로 내려뜨리고 손바닥을 앞으로 향하고 있다. 왼손은 가슴까지 올리고 있어 무엇을 잡고 있는 듯 한 모양인데, 마멸이 심해 정확히 알 수는 없다.

석공의 마음은 보살도였을까

이렇게 입상을 천천히 살펴보면서 문득 떠오르는 것은 누가 이 불상을 만들었을까하는 생각. 아마도 당연히 불심이 깊은

사람이었을 것이다. 그 사람이 당시에 유명한 석공이든 그렇지 않든 입상을 조각하고 만든 것은 자신의 염원을 담아내고 싶어서였을 것이라는 생각을 해본다. 대부분 사람들이 그렇듯 우리나라 사람의 불교신앙은 구복신앙이다.

특별히 심신을 닦으며 수도하는 승려가 아니고서는 대부분 현실생활에서의 복을 구하는 정도였다. 그래서 이 입상을 만든 사람도 당연히 자신의 염원을 담고 싶었을 것이라는 생각을 해본다. 부모님의 건강, 처자식과의 행복, 먼저 가신 조상님들의 극락왕생. 그런 생각. 아니면 어렵지만 보살도를 실천하려는 불심이 깊은 석공이었는지도 모른다. 불교에서 말하는 보살은 자기 자신만의 깨달음을 추구하는 자기중심의 수행자가 아니다. '상구보리 하화중생(上求菩提 下化衆生)'을 그 이상으로 삼아 위로는 곧 깨달음을 구하며, 아래로는 자비행을 실천하여 일체중생을 구하려고 애쓰는 자를 의미한다. 즉 '재가자(在家者), 출가자(出家者), 남녀, 귀천을 불문하고 누구나 붓다의 깨달음을 구하여 수행하는 자는 모두 보살'이라는 사상이 대승불교의 큰 특징 가운데 하나다. 봉덕사에 서 있는 이 보살상을 만든 석공도 불교의 보살사상을 누구보다도 잘 이해하고 진정한 보살도를 실천하려하지 않았을까.

여행길잡이

교통   **내비** – 대전광역시 유성구 성북로 154번길 436-72. 봉덕사. 지번)대전광역시 유성구 성북동 456-1. **대중교통** – 시내버스 41번.

성(城)을 지키는
백제병사는 간데없고,
바닥엔 낙엽만 나뒹굴어,
여기저기 굴러 내린 돌들은
잊혀진 세월을 말하고 싶은 걸까.

잠시 숲에 가 보라
길이 없으면 칼날과 같은 풀을 밟고
길을 만들어 가 보아라. 그곳엔 바람이 있다.
백제 천 년의 바람이 아직도 불어오고 있다.

– 최인호 〈산중일기〉

생활 속에서 허탈감에 빠질 때가 있다. 정신없이 살면서 살아온 시간을 돌아보면 눈에 보이는 작은 성과는 있을 지라도 이미 지나버린 세월이 인생의 많은 부분을 차지하고 있음을 알게 될 때. 바로 그 때가 아닌가 싶다.

일상에서 이런 감정은 흔하다. 그때마다 사람들은 마음을 달래는 방법을 하나 둘 쯤은 갖고 있다. 운동을 취미로 하는 사람, 책을 읽는 사람, 술을 좋아해 옛 친구를 만나 수다를 떠는 사람 등등. 그런데 나는 그때 마다 주변의 옛 것을 찾아가본다. 그중 하나가 안산산성이다. 성에 가서 흐트러진 옛 성터의 모습을 보면 나도 모르게 쓸쓸함에 빠지게 되고, 죽어있는 것들 중에 유일하게 살아있는 나를 발견하게 된다. 그러면서 지나간 나의 시간을 되돌아보게 되고, 지금 살아있는 나의 모습에 감사하게 된다.

단풍든 늦가을 정취 '압권'

안산산성은 유성의 외각에 있기는 하지만 곧게 뻗은 도로 때문에 마음만 먹으면 점심시간이라도 시간을 내어 갔다 올 수 있는 가까운 거리다. 유성에서 국도 1호선을 따라 연기군 방면으로 달리면 국방과학연구소가 나타나고, 그곳에서 500m 더 가면 왼쪽으로 '안산산성' 이정표가 보인다. 그리고 나타난 좁은 농로를 따라 올라가다보면 이름도 예쁜 '어두니마을'이 나온다. 그곳에서부터 안산산성에 오르는 작고 호젓한 산길이 이어진다.

산길은 봄·여름·가을·겨울 풍경이 각각 다르지만 늦가을 무렵에 오르면 발밑에서 들리는 낙엽 밟는 소리와 인기척을 알아차리고 '푸드덕' 날아가는 산새 소리가 도시생활의 긴장을 풀어준다. 그렇게 20분 정도 걷다보면 머리가 맑아지고 숨도 조금씩 차오르고…. 드디어 산성의 정상. 마음먹고 올라온 목적지치고는 너무나 왜소하다. 무너진 돌들이 듬성듬성 보이고 인적은 찾아볼 수 없다. 그 옛날 그렇게 위엄 있고 많은 젊은 병사들이 성을 지키며 위용을 자랑했을 텐데도 지금은 무너진 성곽만이 이름 없는 나그네를 반긴다.

한눈에 보아도 군사적 요충지

안산산성은 이 부근에서 백제 때의 토기편과 와편들을 쉽게 발견할 수 있어 백제 때 축조된 성으로 추정하고 있고, 유성의 6성 중 하나로 꼽는다. 나머지 5개성은 구성(龜城), 유성산성(儒城山城), 적오산성(赤烏山城), 소문성(蘇文城), 진대성(陳垈城) 등이다. 그런데 한 가지 재미있는 것은 유성의 지명도 여기서 유래되었다는 것이다. 유성문화원에서는 백제가 망한 뒤인 신라 경덕왕 16년(757년) 유성산성 서쪽과 지금의 유성구 상대동 일대를 부르던 지명인 노사지현(奴斯只縣)을 유성현(儒城縣)으로 고쳐 부르되 유성현은 이 일대 육성(六城)의 안쪽에 있다고 해서 육성으로 부르다 이름이 변해 '유성'이 되었다고 주장하고 있다. 그런데 유학자(儒學者)들 사이에서는 백성들을 사민(斯民)이라고 부르는데, 큰 장터가 있어 사민들이 많이 모이는 곳이라고 해서 '유성'이라고 부르게 됐다는 주장도 한다. 하지만 '유학'이라는 단어에서 비롯됐다고 보기에는 조선 중기 사계 김장생 선생이 성리학 강론을 폈다는 현 유성구 성북동이나 여흥 민씨 집성촌인 유성구 도룡동, 충주 박씨들이 모여 살았다던 유성구 문지동이 더 유학의 기운이 강했기 때문에 설득력이 약하다'고 대전일보 연재 〈대전 재발견〉에서도 밝힌바 있다.

어쨌든 산성에 올라보면 그 옛날 안산산성이 지리적 요충지여서 군사적으로 중요한 지점이었음을 알 수 있다. 산성 아래를 바라보면 유성구 안산동 어둔리가 보이고, 뒤쪽으로는 연기군 금남면 용암리가, 다시 오른쪽을 보면 공주시 반포면 송곡리 일대가 들어오니 당시 적군들이 몰려오는 것을 한눈에 알아차릴 수 있었을 것이다. 《유성의 역사와 지명유래》에는 "성은 동남쪽이 높고, 서북쪽은 낮으며, 성의 둘레는 약 500m가 된다. 남쪽의 성벽과 서북쪽 성벽과의 차이는 약 40m이다. 따라서 서쪽의 성벽이나 북쪽의 성벽에서 바라보면 3중으로 쌓은 산성 같다."고 설명하고 있다.

이 문헌을 참고삼아 성 안쪽으로 들어가면 둘레가 100m 정도의 공간이 있는데, 성을 지키는 병사들이 거주했던 막사나 창고가 아닌가하는 생각을 하게 한다. 그리고 문헌에는 "서문터는 잘 보존되어 있고, 서문의 문폭과 성벽은 5m 정도. 산성 안에는 10m 정도의 내호로 보이는 통로가 보이는데, 많은 군사들이 주둔했음을 짐작할 수 있게 한다."고 기록되어 있다. 하지만 지금은 그 어느 곳에도 병사는 없고 겨울을 앞둔 늦가을 찬바람만 불어대니 상막하기 그지없다. 아마 이것이 지난 역사의 모습이 아닐까 싶다. 산성을 내려오면서 신라군을 맞아 싸우며 나라를 지키던 백제병사들의 고단한 일상을 생각하게 됐다. 그리고 이백이 쓴 〈새하곡 육수〉 중 한편의 시도 음미해보았다.

五月天山雪(오월천산설) / 無花只有寒(무화지유한)
笛中聞折柳(적중문절류) / 春色未曾看(춘색미증간)
曉戰隨金鼓(효전수금고) / 宵眠抱玉鞍(소면포옥안)
願將腰下劍(원장요하검) / 願將腰下劍(원장요하검)
直爲斬樓蘭(직위참루란)

오월의 천산에는 눈 내리고
차기만 하고 꽃은 피지 않는구나
들려오는 피리소리 중에 절류가들 들으니
봄빛은 아직 보이지 않는구나
새벽에는 북소리 따라 싸우고
밤에는 옥안장 안고 그대로 잠들었도다
바라기는, 허리에 칼을 뽑아
바로 오랑캐 나라 누란국을 베어버리고 싶구나

                                        － 이백 〈새하곡 육수〉

〈새하곡〉은 변방에서 성을 지키며 살던 병사들의 처지를 읊은 시다. 전쟁에 지친 병사들의 한숨 섞인 노래인 〈새하곡〉은 이백 뿐만 아니라 그 옛날 중국의 많은 시인들이 즐겨 소재로 삼아 부르던 노래였다고 한다.

도심 속 구성동산성도 '힐링 명소'

유성에 산성은 모두 6개가 있지만 도심 속에 있는 구성동 산성은 가까워서 좋다. 그리 높지 않은 86.7m 성두산에 오르면 갑천이 한눈에 보이고 지나가는 행인이 눈에 들어온다. 그래서 평야지대를 조망하기 좋은 곳이었으리라. 「유성구지」에는 "갑천 곁의 낮은 구릉 상에 위치해있으며, 성의 규모는 580m로 비교적 작은 통성이다"라고 기록되어있다.

또 이런 기록도 있다. "갑천이 유성산성 부근에 이르러 휘어져 서남에서 동북방으로 흐르는 서북쪽에 펼쳐진 '구억들'이라는 평야 동쪽에 솟은 성두산에 위치해 있고 속칭 '귀성이'이라 부르기도 한다. 이 산성의 남쪽 끝단에서는 시계가 상당히 양호하여 바로 성 밑으로 지나가는 도로와 갑천 지류인 성천, 그리고 넓은 평야가 한눈에 들어오며, 남쪽으로 유성산성(월평동산성)과 연결되어있다."

　여기서 평야는 둔산 일대를 말 하는 것 같다. 둔산은 지금 보아도 엄청 난 면적이다. 당시에는 갑천에 물이 흐리기 때문에 당연히 비옥했을 것으로 짐작된다. 그래서 이곳에 산성이 있는 것을 보아 넓은 평야에서 생산되는 곡식을 보호하려는 의도였을 지도 모른다.

　구성동 산성을 가려면 카이스트 동문으로 가면된다. 동문 바로 아래에 작은 팻말이 있다. 구성동 산성. 이 팻말을 따라 오르면 좁은 공터가 나온다. 그리고 계단을 오르면 산성이 나오는데 보기에는 초라하다. 움푹 팬 웅덩이 모양이 산성 중심부가 있던 자리. 이 곳 주변을 걸어보면 왜 이곳에 산성이 있었는지 이유를 알게 된다.

여행길잡이

　　교통　　**내비** – 대전광역시 유성구 안금로 55번길 266. 안산성성. 지번)대전광역시 유성구 안산동 452–2. 내비–대전광역시 유성구 과학로 46(대전과학고등학교) 구성동 산성. 지번)대전광역시 유성구 구성동 19–2. **대중교통** – 시내버스 101번, 119번, 116번. **세종버스** 655번. 공주버스–303번, 342번. 안산산성 정류장 하차.

세종시까지 올레 걷기

1코스 징검다리 길
유성온천~반석천길~반석동녹지공원~구암사~선녀바위~안산천제방길~용수천제방길~세종시(금강). '징검다리길'은 이름처럼 주변 풍경이 아름다워 이곳에 사는 사람들이 오래전부터 이용해온 산책길이다. 특히 선녀바위부터 구암사를 잇는 산길은 신선한 자연 내음을 고스란히 맡을 수 있는 곳으로 가족들과 함께 자연을 벗 삼아 걸을 수 있는 길이다.

2코스 산들 바람길
유성온천~유성천~현충원~갑하산~우산봉~안산산성(대전둘레산길과 합류)~안산천~용수천~세종시(금강). '산들 바람길'은 산과 들과 물과 바람이 동행하여 대자연과 동화되고 백제인의 숨결을 느낄 수 있는 호젓한 산길이란 뜻이다. 대전둘레산길과 합류지점인 안산산성을 지나 우산봉, 갑하산, 현충원을 걷다보면 백제시대의 산성 길을 걸을 수 있다.

3코스 사이언스길
유성온천~탄동천(대덕특구올레 합류)~하기동(퇴고개)~외삼동(서당골)~안산천제방길~용수천제방길~세종시(금강). '사이언스길'은 대덕연구개발특구와 교감하는 과학적 테마와 스토리가 있는 길이다. 안산천 제방 길을 지나 외삼동 서당골, 하기동 퇴고개 등 사이언스길 주변에는 과학기술의 메카로 자리 잡은 대덕연구개발특구가 있다. 이곳의 가장 큰 특징은 도심 속 살아있는 오솔길이다.

왜 유성에
선사유적이 많을까?

'유성이 살기 좋다'는 말을 많이 듣는다. 편리한 교통, 깨끗한 도시, 쾌적한 주거환경 등이 이유다. 그중 주거환경은 가장 자랑할 만한 특징인데, 노은동을 첫 번째로 꼽는다. 그런데 이런 평가는 현대뿐만 아니라 과거에도 마찬가지였던 것 같다. 선사시대 조상들이 노은동 지역에 대거 밀집하여 살고 있었음이 확인되고 있기 때문이다. 아마도 이런 사실은 노은동 지역이 사람이 생존하는데 필요한 물과 주거·수렵이 용이하기 때문일 것이라는 생각을 갖게 한다.

선사시대 생활 한눈에 '쏙'

선사박물관이 위치한 은구비공원 일대는 구릉지여서 선사시대 조상들이 비·바람을 피해 살기에 적합했을 것 같다. 걸어서 30~40분 거리의

갑천은 물고기를 잡아먹기에도 쉬웠을 것이고, 갑하산과 우산봉 밑 너른 분지인 이 일대는 전문가가 아닌 사람이 보아도 농경생활을 할 수 있는 곳으로 적합해 보인다. 이런 생각은 실제 조사에서도 구석기, 신석기, 청동기, 철기문화, 삼국문화 유적과 유물들이 모두 공통적으로 발견되어 더 확신을 갖게 한다.

유성의 옛 선사유적을 생각하면서 대전의 선사유적의 유물을 한눈에 볼 수 있는 노은동 은구비 공원에 위치한 '대전선사박물관'을 찾았다. 박물관 1층에는 사무실과 학예실 등이 들어서 있고, 본격 관람은 2층 전시실에서 이루어진다. 2층 전시실은 원형구조에 노은 선사문화관과 구석기·신석기·청동기·철기문화관, 그리고 학생들이 직접 각 시대의 유물과 생활상을 체험해 볼 수 있는 체험 자료실이 있다. 각 문화관 별로 그 당시의 생활상을 보여주는 디오라마가 설치되어 있고, 시기별로 나누어 유물들이 디오라마 앞에 전시되어 있다. 또 관람객들의 이해를 돕기 위한 패널이 꼼꼼하게 준비되어 있다.

본격적으로 유물을 전시해 놓은 2층으로 올라가면 제일 먼저 눈길을 끄는 것이 있다. 중앙 로비바닥에 대형 위성사진. 바로 우리 대전의 모습이다. 곳곳에 대전의 유적지가 표시되어 있는데, 내가 살고 있는 곳이 어디쯤인지, 또 우리 집과 가까운 곳엔 어떤 유적지가 있는지 찾아볼 수 있다.

전시관 디오라마, 생동감 넘쳐

그리고 첫 번째 전시실을 들어서면 먼저 구석기 문화관이 눈에 들어오는데, 특별히 유성의 노은동 지역 선사 유적을 먼저 전시했다. 그 안에는 돌날, 긁게 등 돌을 이용하여 만든 작은 날들이 대부분이었다. 그리고 그 뒤쪽으로 대전 전체의 구석기 유적들이 전시된 공간에는 디오라마

를 통해 구석기인들의 생활상을 볼 수 있고, 인류의 진화과정을 보여주는 모형도 흥미를 끈다.

다음으로 신석기 문화관. 노은동 신석기실에는 구석기 보다 발전된 토기들이 전시되어있고, 대전 전체가 포함된 전시실에는 농경이 시작되면서 토기제작, 갈아서 만든 도구, 집의 등장 등을 볼 수 있다.

청동기 문화관에서는 구성동, 괴정동, 비래동 등에서 확인된 무문토기류, 각종 청동기류, 마제석기류 등 청동기문화 유물이 전시되어 있다. 또 청동기 제작 공방과 무덤 등을 구연한 디오라마, 그리고 청동기 문화

그 옛날 선사시대에도 노은동은
많은 사람들이 모여 살았다.
물, 주거, 수렵이 용이해 생존에
적합한 곳이었기에 그랬을 것이다.

를 알기 쉽게 설명하는 입체영상물이 상영된다.

철기 문화관은 철기의 사용이 시작되면서 등장한 구성동, 장대동 등
에서 확인된 각종 철기류와 옥제품, 토기류 등 철기문화 유물을 전시하
고 있다. 또 철기제작·토기제작 공방 등의 모형물과 대전의 철기문화에
관한 영상물을 볼 수 있다. 체험·자료실에서는 유물검색, 토기복원, 문
양 찍기, 시대별 유물 찾기 등 학습활동을 위한 다양한 체험 자료들을 갖
추어 놓았는데, 초등학생들은 이 공간을 제일 재미있어 한다.

2층 전시실을 다 돌아보고 뒷문으로 나가 야외체험장에 가면 현재 구

복원해 놓은 야외 우물

릉 동쪽 사면에서 발굴된 유적 가운데 청동기시대와 원삼국시대 것으로 추정되는 집 자리 6개를 복원해 놓았으며, 학생들의 체험학습을 위해 '발굴체험장'도 조성되어 있다.

은구비 공원에서 안락한 휴식을…

발굴체험장을 둘러보고 난 후에는 은구비공원에서 안락한 휴식의 맛을 느껴보기를 권하고 싶다. 공원을 가로질러 조성된 산책로는 노은동 주민들이 가장 사랑하는 곳이 되었다. 특히 봄날 공원 정상에 있는 벤치에 앉아 눈을 지그시 감고 얼굴에 따스한 봄 햇살을 맞으면 졸음이 쏟아질 정도로 편안함을 느낀다. 그리고 바로 아래에는 예쁜 원두막이 있는데, 이곳에 앉아 가져온 김밥을 나눠 먹으며 오순도순 이야기꽃을 피우면 사람 사는 재미가 쏠쏠하게 난다. 모두 은구비공원이 주는 행복이다. 그리고 여름날 은구비공원은 젊음과 건강이 넘친다. 남녀노소 할 것 없이 간편한 옷차림으로 나와 산책로를 따라 걷기를 하고, 때로는 뛰면서 운동량을 늘려 땀을 흘리기도 하고, 그야말로 사람과 자연이 하나 되는 순간이다.

가을 은구비공원은 산책로와 단풍나무가 어우러져 한 컷의 풍경사진이 연출된다. 형형색색의 아름다운 가을 나뭇잎이 이제 겨울이 올 것을 예고하고, 가는 계절의 아쉬움을 남긴다. 겨울 은구비공원은 어떨까. 마찬가지로 겨울 풍광도 곱다. 완만한 경사가 많은 은구비공원에 눈이라도 오면 동네아이들은 하나둘씩 모여들기 시작한다. 그리고 가져온 눈썰매를 탄다. 아직 서투른 아이들은 내려오는 도중 중간에 굴러 떨어지기도 하고, 자연적인 놀이 재미에 눈이 두 배로 커지는 아이도 있다.

4계절 모두 아름다운 은구비공원 산책로

여행길잡이

교통　　**내비** – 대전광역시 유성구 노은동로 126 대전선사박물관. 지번)대전광역시 유성구 노은동 523.　**대중교통** – 시내버스 101번, 114번, 116번, 121번, 117번.　**세종버스** 655번.

먹을거리　　선사박물관 뒤편이 은구비공원이다. 은구비공원은 사계절 많은 사람들이 찾는데, 선사박물관에 가면 도시락을 준비해 공원에서 먹으면 좋다. 맛집은 노은역 주변에 가면 많다.

복원된 **숭현서원**

늦가을 단풍잎
바람에 날리고…

숭현서원에 처음 갔을 때가 생각난다. 그때는 언덕에 집터처럼 평평한 자리가 있었고, 그곳에 숭현서원지 이었음을 알 수 있는 비석만이 썰렁하게 서있었다. 그 후 대전시가 숭현서원 복원의지를 세우면서 1994년부터 약 8년간 고증과 함께 복원이 진행됐고, 2002년 8월 31일 복원준공기념식을 가졌다. 그 때 기념식을 취재하기 위해 가본 것이 두 번째이고, 그 이후 추계제향 때마다 가게 됐다.

늦가을 찬바람이 얼굴을 스친다

원촌동에 있는 숭현서원은 1992년 7월 22일 대전광역시 기념물 제27호로 지정된 곳으로, 우리 고장에서 역사적 의미가 커 행사에 초대를 받을 때마다 가게 됐는데, 그 때마다 늘 발걸음은 가벼웠다. 그리고 유성에 이처럼 고풍스런 서원유적지가 복원되어 있다는 것도 자랑스러웠다. 그리고 썰렁하게 비석만 남아있을 복원전의 숭현서원지를 생각하면 옛 것을 복원하여 새롭게 하고 자라나는 청소년들을 위해 교육적 자료로 삼아야 하는 것은 현대를 살아가는 우리들의 책임이라는 생각을 하게 된다.

숭현서원을 가려면 대전MBC 사옥을 지나 전민동 엑스포아파트 가는 길 원촌3거리에서 안내표지판을 볼 수 있다. 다른 건물에 가려서 길 바로 옆에 있지만 이곳을 아는 사람은 많지 않다. 길 바로 옆 공터에 주차를 하고 5분 정도 배밭을 가로질러 비탈길을 올라가면 숭현서원의 홍살문이 나타난다. 겨울을 준비하는 쌀쌀한 늦가을 날씨에 입구까지 걷는 기분이 상쾌했다. 얼굴에 스치는 찬바람을 맞으며 조용한 이 길을 걷는 순간 그 옛날 선비가 된 것 같은 착각이 든다.

옛 선인 모시는 추계제향 '운치'

오늘은 추계제향이 있는 날. 홍살문을 지나 '영귀루'에 도착하자 "모든 제관들은 마음을 경건하게 하시오."라는 집례의 말이 들리고, 곧이어 제가 시작될 것임을 알게 해 준다. 영귀루 문을 지나자 좌우로 동재와 서재가 있다. 이곳은 제를 지내기 위해 멀리서 온 제관들이 하루 밤을 지내는 곳이라고 한다. 그리고 동재와 서재 사이에 숭현서원묘정비(崇賢書院廟庭碑)가 있다.

숭현서원묘정비 설명에 의하면 "숭현서원묘정비는 숭현서원의 내력을 적은 비이고, 1625년 상촌 신흠(像村 申欽)이 짓고 1667년 우암 송시열이 덧붙인 내용을 동춘당 송준길이 썼다. 현재의 비는 숭현서원을 복원하면서 2001년에 모사하여 놓은 것이다."라고 적혀있다.

그리고 앞쪽에는 입교당이 있는데 이곳은 그 옛날에 학생들이 공부하던 곳으로 서원이다. 그런데 향교와

서원이 가끔씩 혼동되는데, 쉽게 구분하면 서원은 지금의 사립학교이고, 향교는 국가에서 세운 공립학교이다. 숭현서원은 김정·정광필·송인수·이시직·송시영·김장생·송준길·송시열 등 팔현(八賢)을 배향한 곳으로 전국에서도 손꼽는 명문 사학이었다.

옛 문헌에 의하면 선조 18년(1585) 지금의 용두동 기슭에 회덕의 은진송씨가 번창하면서 이 가문과 연관이 있는 선현을 모신 사우인 삼현서

늦가을 제향을 마치고 밖으로 나와
선인들이 올라 시를 읊었다고 하는 영귀루에 오르니
당시 평화로웠던 삶의 모습이 그려졌다.

원, 즉 숭현서원의 전신이 있었는데, 회덕의 충절지사 김정, 정광필, 송 인수 세분을 모시게 되었다고 한다. 그러나 임진왜란으로 불타 없어져 버렸고, 광해군 1년(1609) 이 지방 출신이며 송 씨의 후예인 송담 송남 수가 원촌동에 서원을 중건하고, 이시직 등이 상소하여 같은 해에 숭현 서원이라는 사액을 받았다고 한다. 그 후 고종 8년(1871) 대원군의 서 원철폐 정책에 의해 헐려서 묘정비만 남게 되었는데, 대전시에서 1995 년부터 2001년 까지 사당, 강당, 동·서재, 고직사, 문루 등이 지금처 럼 복원하여 오늘에 이르고 있다.

영귀루에 올라 풍경에 감동하고…

입교당 안에는 그 옛날 공부하던 학생들 대신 제관들이 30여 명 모여 있었고, 사당으로 들어가기 위해 순서를 기다렸다. 제관들은 한명씩 한 명씩 제를 지내기 위해 사당으로 발걸음을 옮기고 있었다. 곧이어 사당 앞에는 제관들이 모두 자리를 잡았고, 초헌관 아헌관이 마지막으로 들어와 제가 시작됐다. 약 30분 정도 지나 제는 끝이 났고, 삼현과 더불어 팔현을 배향한 사당을 돌아 나와 영귀루에 올라보았다. 영귀루에서는 선인들이 올라 시를 읊었다고 한다. 실제로 영귀루 문루(門樓)에 앉자 주변 풍경을 보니 현대식 건물들이 미관을 해치기는 했지만 정면으로 보이는 산세가 아름다웠다. 그리고 이곳에서 선인들이 공부하던 모습을 상상하니 당시 평화로웠던 삶의 모습이 그려졌다.

영귀루를 내려와 관리사에 가자 제사 음식을 준비했던 아주머니들이 여전히 찾아온 손님들에게 식사를 대접하느라 분주했다. 방안에는 빈대떡을 쉬지않고 부쳐내는 두 분 아주머니들의 손놀림이 큰 잔치를 많이 치러낸 것처럼 능숙해보였다. 관리사 앞마당에 펼쳐진 천막에 들어가 앉자마자 뜨끈한 육개장과 밥이 나왔다. 바닥이 차갑기는 했지만 시골집 마당에서 밥을 먹었던 30여 년 전의 어린 시절 이후 처음 느껴보는 기분이었다. 식사를 하면서 오른쪽을 바라보니 유림회관이 보였다.

여행길잡이

교통 **내비** – 대전광역시 유성구 엑스포로 251번길 76. 숭현서원. 지번)대전광역시 유성구 원촌동 산 35-1. **대중교통** – 시내버스 705번, 802번, 121번.

주변 볼거리 **로파크** 어렵게만 느껴지는 '법(法)'. 이제는 놀면서 법을 배우고 체험할 수 있는 테마파크가 유성구 원촌동에 생겨 오래전부터 인기다. 솔로몬 로파크 법 체험관 1층에는 '대한민국 법치세상관'이 자리 잡고 있다. 이 가운데 입법체험실에서는 우리나라 헌법과 국회의 입법 기능을 알기 쉽게 설명해주고, 과학수사실에서는 지문 채취나 거짓말 탐지기 등 검찰과 경찰의 과학수사기법도 체험할 수 있다. 또 모의법정실에서는 국민참여재판을 비롯한 재판의 종류를 익히고 형벌체험실에서 교도소와 소년원 등의 형벌 기관에 대해 살펴 볼 수 있다. 매주 월요일과 법정공휴일 다음 날을 제외하고 연중 무료로 누구나 방문할 수 있다. 개관 : 09:30~18:00 운영(화~일) ●휴관 : 매주 월요일, 명절연휴(신정, 설날, 추석) **내비** – 대전광역시 유성구 엑스포로 219-39 ☎042)863-3165

먹을거리 보신탕은 여름철에 즐겨먹으면서도 자랑하지는 않는다. 이유는 모르겠지만 오래된 우리 민족의 전통음식임에는 이견이 없을 것 같다. 숭현서원을 돌아보고 큰길가로 나오면 바로 유성에서는 가장 오래된 보신탕집 '전원촌'이 있다. 외관은 허름해도 여름철 보양식을 찾는 사람들 발길이 이어진다.

김반 · 김익겸의 묘

효심 깊은
서포(西浦)를 만나다

가끔씩 이런 생각을 해본다. 내가 죽은 후에 사람들은 나에 대해 어떻게 기억할까. 열심히 살았던 직장인, 어질었던 아빠, 사랑이 많았던 남편. 이 정도면 나에 대한 이미지로서는 만족스러울 것 같다. 아마 나뿐만이 아니라 대부분 사람들도 그럴 것이다. 그런데 여기에 효성이 지극했던 자식으로 후세에 전해진다면 그것은 가장 값지고 아름다운 인생일 것이라는 생각이 든다. 그만큼 한 인간에게 부모에 대한 사랑과 효는 중요하고 가치 있는 삶이기 때문이다. 그래서 선인들은 '효(孝)는 백행(百行)의 근본(根本)'이라고 했고, 그 어떤 벼슬보다도, 그 어떤 재물보다도, 아무리 큰 공을 세운 사람보다도 더 높게 평가했다. 그 하나의 표시로 조선시대에는 효를 실천한 사람에게는 국가에서 정려문을 내렸다.

우리 지역에서는 전민동 삼성푸른아파트 맞은편에 있는 김반의 묘역

앞에 서포 김만중의 효행을 기리기 위해 나라에서 내린 정려문이 보관된 정려각이 대표적이다. 이곳에서는 해마다 유성문화원에서 서포 김만중 선생의 효행을 기리기 위해 문화제를 열고 참가한 학생들이 글짓기를 한다. 2013년 10월 19일 토요일. 올 백일장에도 김반·김익겸의 묘역 일대에는 변함없이 수많은 학생들이 몰려들었다. 해마다 서포문화제가 열렸지만 올해는 유난히 많은 학생들이 참여한 것 같았다. 아마 수백 년이 지난 지금에까지 후손들이 한자리에 모여 한 선비의 효행을 생각하며 글짓기를 한다는 것은 가장 인생을 잘 살은 사람이 아닌가하는 생각에 부러워졌다.

효성이 지극했던 서포 김만중

묘역 아래에는 서포 김만중의 효행을 기린 정려각과 그가 남해에서 어머니의 생일날 어머니를 그리워하며 쓴 시가 적힌 문학비가 있다.

今朝欲寫思親語(금조욕사사친어)
字未成時淚已滋(자미성시루이자)
幾度濡毫還不擲(기도유호환부척)
集中應缺海南詩(집중응결해남시)

오늘 아침 사친의 시 쓰려하는데
글씨도 이루기 전에 눈물 먼저 가리우네
몇 번이나 붓을 적시다 도로 던져 버렸나
응당 문집 가운데 해남의 시는 빠지겠네

– 김만중 〈사친〉

　　문학비에 적힌 〈사친(思親)〉이라는 시는 1689년 9월 25일 서포가 남해에서 어머니의 생신을 맞아 썼다는 시다. 1637년 남편 김익겸이 정축 노변 때 강화도에서 자분순절함으로써 서포 김만중의 어머니 윤 씨 부인은 21세에 그만 청상과부가 되고 말았다.

　　그러나 역경을 헤치고 부인은 당시 5세였던 김만기와 아직 뱃속에 있던 김만중 형제를 훌륭히 길러냈던 것이다. 그러니 서포의 어머니에 대한 생각이 남다를 수밖에 없지 않을까. 이런 어머니에 대한 애절함이 서포의 또 다른 시에도 잘 나타나 있다고 연세대 설성경 교수는 설명한다.

每歲慈親初度日(매세자친초도일)
弟兄相對舞衣斑(제형상대무의반)
弟今奉使違親膝(제금봉사위친슬)
多恐親心未盡歡(다공친심미진환)

광산김씨의 묘역.
이곳에는 어머니를 그리워하는 서포의 마음이
문학비에 담겨져 있어
오늘을 사는 우리에게 깊은 감동을 준다.

해마다 어머니 생신날이면
형제 서로 마주하여 춤추며 즐겨했네
내가 지금 사명 받들어 어머님 곁을 떠나니
생신날 어머님 마음 즐겁지 못하실까 두렵네

- 김만중 〈奉使嶺南 9月 25日 作〉

　부모의 경제력을 따지며 효 사상을 옛 것쯤으로 가볍게 생각하는 요즘 세태에 어머니 생신에 가지 못할 것을 걱정하는 서포의 효성은 메마른 시대를 살아가는 우리가 본받아야 될 정신이 아닌가 생각 된다.

　효행숭모비도 한번쯤 차분히 읽고 생각할 가치가 충분하다. 다 읽고 나면 서포가 "어머니를 생각하니 글씨도 쓰기 전에 눈물부터 앞선다."는 그의 시의 배경과 효심이 더욱 감동적이다. 그리고 그가 늙은 어머니의 외로움을 달래기 위해 썼다는 《구운몽》,《사씨남정기》는 그가 베를 짜며 어렵게 학업을 뒷바라지해 주던 어머니 윤 씨에 대한 효심이 얼마나 간절했는가를 짐작하게 한다.

　그리고 서포의 정려각에서 조금 내려오면 김반의 신도비가 있다. 규모가 무척 크고 동춘당 송준길이 썼다. 바로 옆에 김익겸(서포의 아버지)의 정려각과 연산서씨(서포의 할머니) 정려각이 나란히 있고, 그 아래에

2007년 5월에 제막식을 가진 충·효소설비가 자리하고 있다.

여기서 한 가지 덧붙인다면 유성은 역사적으로 유학자, 충신, 효자가 많이 배출된 고장이다. 유성문화원이 발행한 《유성의 인물과 정신》에는 "유성지역에 충신과 효자, 그리고 열녀가 무려 30여 명이 배출됐다. 효자나 열녀, 나아가 충신 한 두 명이 정표를 받아도 가문의 영광으로 생각하던 조선시대에서 전민동의 광산 김씨 가문 4대에 걸친 충신, 효자, 열녀 4명은 물론 도룡동 여흥 민씨 가문의 3대에 걸친 일곱 효자 외에 민삼석과 민진강 및 열녀 남양 홍씨가 배출되었고, 역시 도룡동에 근거를 둔 해주 오씨 가문에서 4세 구효를 배출했으니 우리 유성은 진정 충효의 고장이다."라고 기록하고 있다.

김반은 아버지, 김익겸은 셋째 아들

정려각에서 위로 올라가면 여러 개의 묘가 나타나기 시작한다. 바로 여기가 김반·김익겸의 묘가 있는 광산 김씨 사패지(賜牌地) 묘역이다. 정신문화연구원이 발간한 《한국민족문화대백과사전》을 참고문헌으로 김반과 김익겸을 설명하면, 김반(1580~1640)은 사계 김장생의 아들이고 김익겸의 아버지다. 계축옥사 이후 고향으로 돌아와 10년간 은거하기도 했던 그는 인조반정 후 이괄의 난이 일어났을 때 인조를 호위하여 공주(公州)까지 모셨다. 이후 병자호란이 일어나자 다시 왕을 호위하여 강화도로 모시기도 했다. 둘째 아들 김익희와 함께 독전어사로 전투에 나가 병사들을 감독하고 격려하기도 했고, 왕이 공주에 있을 때 정시문과에 급제한 후 여러 벼슬을 거쳐 대사간(조선시대 간쟁·논박을 맡았던 사간원(司諫院)의 으뜸벼슬)에 이르렀다. 세상을 떠나고 나서는 영의정으로 벼슬이 높여졌다. 신도비의 글은 처음 김상헌이 짓고 글씨는 동춘 송준길 선생이 썼다.

그의 아들 김익겸(1614~1636)은 1635년 생원시에 장원급제 했고, 1637년 2월 22일에 강화성이 함락되자 적에게 유린당하지 않고 충의를 지키기 위해서 스스로 목숨을 끊어 충절을 지킨 인물로 유명하다. 이때 그의 어머니이자 김반의 부인인 연산 서씨도 함께 목숨을 끊고 말았다. 신도비 위에는 그렇게 장렬하게 생을 마친 연산 서씨와 그의 아들 김익겸의 정려각이 있다.

　이미 설명한 바와 같이 김반과 김익겸은 아버지와 아들 관계다. 그런데 우리나라의 전통적인 묘 위치는 조상의 산소가 위쪽에 있고, 후손은 아래쪽에 있다. 하지만 이곳은 앞쪽에 위치한 묘가 아버지 김반의 묘이고, 뒤쪽이 셋째아들 김익겸의 묘가 있다.(옆쪽에 김반의 장남 김익렬의 묘도 아버지 묘보다 약간 아래쪽에 있다.) 왜 그럴까. 여기에는 사연이 있다. 아들 익겸은 병자호란 때(당시 23세) 강화도에서 자결한다. 이후 분사한 전도유망한 아들 시신을 거두었을 늙은 아버지 김반의 심정은 어땠을까. 안타깝게 죽은 아들을 사후에라도 보호하고 싶어서 였을까. 이곳에 가끔씩 올 때 마다 그 때의 김반의 마음이 어떠했을지 상상해본다. 물론 현존 자료는 찾기 힘들지만 후손들은 김반의 유언이 있었다고 말한다.

여행길잡이

교통 　내비 – 대전광역시 유성구 유성대로 1665번길 23 김반 · 김익겸의 묘. 지번)대전광역시 유성구 전민동 251-4. **대중교통** – 시내버스 918번.

붉은 백일홍이
폭죽처럼 터졌다

　가을의 문턱에서 수운교 경내에 붉은 꽃이 폭죽처럼 터져 선혈처럼 낭
자하다. 배롱나무가 아름다운 것은 꽃의 색깔 탓도 있지만 고풍스런 옛집
에서 피어나 더욱 그렇다. 배롱나무는 100일 동안 꽃이 피어 있다고 해서
백일홍이라고도 부른다. 이 꽃이 다 질 무렵이면 추수가 시작된다고….

　수운교 경내에서 백일홍의 아름다움에 취한 한 여행객은 "가난한 시
절, 배고파 우는 아이에게 '저 꽃이 다 지면 쌀밥을 먹을 수 있다'며 달랬
다고 해서 '쌀 나무'라고도 부른다."고 설명했다. 배고픔을 참던 아이는
아마도 좀처럼 꽃이 지지 않는 쌀 나무가 야속했을 것이다. 꽃잎을 떨어
뜨리며 새 꽃잎이 돋아 세 번씩 다시 피어 늦여름과 초가을 내내 피어오
르기 때문이다.

광덕문에 들어서자 제일 먼저 눈에 띄는 것은
두 구루의 백일홍.
그 빛깔이 선혈처럼 진해
오가는 관람객의 발길을 잡는다.

수운교는 초가을에 가면 백일홍 때문에 더욱 아름답다. 수운교가 어떤 종교인가. 우리나라가 어려움에 처해 있을 때 애환을 함께한 토속종교이다. 수운교본부는 유성에서 신탄진 가는 도로를 따라 신성동 주민센터를 지나면 삼거리가 나온다. 이곳에서 좌회전해 삼군대학이 있는 자운동과 추목동으로 진입, 그 길을 따라 곧장 나아가다 보면 「수운교 본부」라는 안내판을 보고 좌회전해 200m쯤 올라가 우회전하면 큰 소나무 숲이 펼쳐진다.

활짝 핀 백일홍'감탄'

소나무 숲을 지나 샘물터 옆 주차장에 차를 세워놓고 도솔천을 향해 발길을 옮겨보면 경내의 단아한 분위기와 말없는 산수의 풍경에 경건한 마음이 든다. 소박하게 꾸며진 정원을 걸어 정면에 있는 큰 문인 광덕문을 들어서면 제일 먼저 양쪽으로 두 그루의 백일홍을 만난다.

백일홍은 주변에서 흔히 볼 수 있는 것은 아니다. 볼 수 있다고 해도 특별한 감동을 받기는 쉽지 않다. 그런데 수운교 본부의 다양한 문화재 자료와 건축미, 그리고 수운교가 주는 토속적인 종교 분위기와 어우러져 특별한 분위기를 연출한다. 그리고 돌계단 위에 세워진 대전시 문화재 28호인 도솔천과 마주서게 되는데, 이 건물은 경복궁을 지은 최원식이 1929년에 건축한 것이어서 조선시대의 건축술을 가늠하게 해준다.

그동안 전해오는 일화에 의하면 최원식은 도솔천을 지을 때 세 번이나 앞일이 막막하고 캄캄한 적이 있었다고 한다. 그럴 때마다 교주 수운이 꿈에 나타나 "잘 되어 가느냐?"라는 물음과 함께 그 답을 주었다는 것이다. 훗날 최원식이 조계사 설계를 청탁받고 술회하기를 "도솔천은 내가 지은 것이 아니다. 나는 단지 그렇게 하라는 말만 듣고 했을 뿐이다."라고 말했다고 한다.

그래서인지 건축미는 보기에도 특별하다. 57평(188㎡) 규모의 도솔천 외벽에는 크고 작은 용들과 봉황이 조각되어 있고, 건물 안에는 복벽에 일월성신 조각, 동쪽에 금강탑, 서쪽에 무량수탑이 각각 목조 6층으로 금박되어 있다.

최제우를 교조로 하는 민족 종교

우리는 제세주 수운천사님을 모앙한다.

우리는 유불선 합일의 대도를 천하에 전도한다.

우리는 포덕천하·광제창생·보국안민의 삼대원을 성취한다.

우리는 사람 섬김을 하날님 공경하듯이 한다.

우리는 정성과 공경과 믿음으로 지상천국을 건설한다.

《수운교 교훈》

수운교 교훈이다. 수운교 문헌에 있는 내용을 그대로 옮기면 "수운교
(水雲敎)는 동학시조 수운 최제우(崔濟愚) 천사(天師)께서 출룡자(出龍子)
로 재위 출세하시어 수운강생 102(단기 4256, 서기 1923)년 계해10월
15일 서울에서 개교(開敎)하였고, 1929년 현재의 대전으로 이전하여 오
늘에 이르고 있다. 불천심(佛天心) 일원의 무극대도(無極大道)로서 유불선
(儒佛仙) 합일의 천도이며, 옥황상제 하날님을 신앙하며, 만화귀일의 지
상천국(地上天國)을 건설하는 새로운 종교(宗敎)이다. 수운교의 교기(敎

旗)는 궁을기(弓乙旗)이다. 궁은 선(仙)이요, 을은 불(佛)이니 선불합덕이다. 하늘과 땅이 열리고 닫히는 조화의 문이며, 음양이 출입하는 길이요, 만물이 생성하는 기틀이다. 현재 대전광역시 유성구 추목동 금병산하 용호도량(龍虎道場)에 도솔천궁(兜率天宮)을 중심으로 본부를 두고 있으며, 전국 각 지방에 지부와 선교소를 두고 있다. 최근 정부로부터 재단법인을 허가 받았다."고 설명한다.

그리고 특이할 만한 것은 수운교는 교리가 합리적이고 인간중심이어서 가치가 높은데, 그 교리만큼이나 운영의 원칙에 놀라게 된다. 수운교가 세워진 것은 지금으로부터 90여 년 전. 우리나라 임시정부가 세워지기 전인데도 수운교는 당시부터 3권 분립에 해당하는 3원체제로 운영하여 현재까지 유지하고 있다. 3원은 총무원, 법사원, 감리원으로 나눈다. 총무원은 집행기관으로 행정부에 해당된다. 법사원은 교리와 법을 제정하고 예산 결산을 심의 의결하는 입법부 역할을 한다. 감리원은 집행부에 대한 감사와 교인 감찰업무를 맡고 있어 사법부 역할을 한다. 여기서 총무원장은 교단을 이끄는데, 현재까지 장기 재임 없이 25대를 이어오고 있다. 이렇게 수운교는 민주적으로 운영을 해왔고, 현재는 그 교세가 미약하고 전통만을 유지하고 있지만, 수운교를 세울 당시에는 대전 인근에 10만 명 이상의 교인들이 있었고, 전국적으로 20만 명이 넘었다고 한다. 그래서 해마다 4월 15일 수운탄강 기념법회가 열리면 유성장터에서 금병산 수운교까지 늘어선 사람들로 인산인해를 이루었다고 수운교측은 설명한다.

수운교, 유성 전통문화 꽃

그런데 수운교에 가면 주변 경관의 아름다움에 놀라게 된다. 우리가 흔히 알고 있는 것처럼 이름 있는 사찰이나 궁터를 보면 한 가지 공통점이 있다. 바로 지리적 위치가 좋다는 점이다. 수운교본부가 있는 장소도 한마디로 '와~'하며 감탄할 정도다. 수운교본부 뒤쪽으로 병풍처럼 펼쳐진 금병산 자락, 그 아래 수운교 도솔천이 있는데, 사진으로 찍으면 인왕산 밑의 청와대, 갑하산 아래 대전현충원 현충탑의 모습이 구별하기 힘들 정도로 흡사하다. 그래서 당시 수운교 교주는 이곳에 수운교 본부를 지으면서 "유성을 중심으로 새 서울이 들어서리라."고 예언했는지도 모른다. 어디 이뿐인가. 조선조 전라감사 이서구는《채지가》에 쓰기를 "우리 서울 새 서울 이리가면 옳게 가네."라고 했다고 전해지고 있다. 그런데 실제로 유성과 인접지역인 연기군 금남면 일대에 신행정수도로 시작됐던 세종시에 국가 중추기관이 입주해 있는 현재의 모습은 이같은 예언과 무관하다고 말하기는 어려울 것 같다.

어쨌든 일반상식이지만 수운교와 같은 민족종교는 그 창도 시기가 우리의 역사상 가장 어렵고 불행했던 시대인 조선왕조 말엽에서 일제치하의 암흑기였다. 당시 국가와 종교가 역기능에 빠지고 민중들은 방향감각을 잃고 있을 때 민족과 인류의 앞날을 예시했고, 그에 맞춘 삶의 틀을 조판해 놓았으니 당시 민중들에게 민족종교는 희망이었을 것으로 생각된다.

수운교 역시 일제 강점기 때는 일본에 의해 범종이 약탈되고, 수운교 폐

법회당

디딜방아

봉령각

용호당

지령으로 수운교의 의식은 물론 도솔천 간판까지 철거당했다. 천단 내부의 미타탑이 강제 반출되는 치욕과 함께 교인들이 모진 고문을 받거나 죽임을 당했다. 안으로는 신앙정신을 가다듬고 밖으로는 일본의 침략에 항거하는 정신을 더욱 고조시켜나간 이들이 또한 수운교도인이라고 전해지고 이다. 그렇지만 유성지역의 문화재에 특별히 관심을 갖지 않으면 수운교본부에 대한 지식을 갖기는 힘들다. 그저 나들이 나왔다가 잠시 둘러보거나, 등산 후 하산 길에 물 한 모금 마시는 곳 정도로 여기기 쉽다. 그런데 사실 알고 보면 수운교는 우리 민족의 기상과 꿈을 담은 토속 종교로서 가치가 높다.

여행길잡이

교통 **내비** – 대전광역시 유성구 자운로 245번길 80 수운교본부. 지번)대전광역시 유성구 추목동 403-1. **대중교통** – 시내버스 606번, 911번.

먹을거리 수운교를 보고 나면 자운대 쇼핑센터 2층 음식점에서 점심을 먹으면 좋다. 한식당 평화회관은 불낙전골을 비롯해 소고기, 우거짓국 등이 맛좋다. 아이들하고 함께 산행을 했으면 분식집도 괜찮다. 또 1층에는 패스트푸드점도 있다.

도솔천 범종 우물 장실

정월대보름 목신제 지내고 마을의 안녕을 빈다

구즉 둥구나무를 처음 만난 것은 1999년 여름. 그때는 지금처럼 아파트가 들어서지 않았고, 오래전 마을 모습 그대로였다. 마을은 규모가 큰 편이라서 대략 310가구. 자연 부락 치고는 큰 마을이었다. 버스를 타고 구즉 종점에서 내리면 아주 오래된 이발소가 있었고, 그 길을 따라 동사무소 쪽으로 올라가면 좁은 골목 사이로 100년은 넘어 보이는 수많은 기와집들이 있었다. 그리고 '명가'라는 음식점을 지나면서 바로 옆에 이 둥구나무가 있었다. 둘레가 7m, 높이가 20m. 수많은 기와집 마을 안에 있는 둥구나무는 아주 운치가 있는 풍경이었다.

구즉 사람들과 '동고동락'

둥구나무는 시골출신이면 누구나 간직하고 있는 추억이다. 어린 시절 고향마을에는 큰 나무가 있었다. 동네 사람들은 이 나무를 정자나무라고 했다. 보통 나무 아래 정자가 있거나, 평상이 있어서 그렇게 부른 것 같다. 정자나무는 그늘이 넓고 짙어 사람들에게 휴식을 주었다. 그런데 세월이 흐르면서 산업화와 함께 정자나무 아래는 텅텅 비어갔다. 동네사람들이 직업을 찾아 도시로 떠났기 때문이다.

구즉의 둥구나무도 지금처럼 유성이 도시화가 되기 전에는 아득한 시골이었다. 그런데 다행이도 농촌지역 정자나무와는 달리 더 많은 사람들이 찾아왔다. 대도시에 속한 자연부락이라는 이점도 있었지만, 지난 2008년 봉산동 주거개선사업이 끝나고 입주한 수천여명의 아파트 주민들이 이 둥구나무를 즐겨 찾았기 때문이다. 사람들은 이곳에서 아이들과 함께 놀았고, 갓난아이들은 유모차를 탄 채로 시원하게 낮잠을 잤다. 봄에는 목신제, 여름에는 음악회, 가을에는 전시회, 겨울에는 놀이터. 사계절 모두 마을 사람들의 사랑을 받았다. 도시개발에도 둥구나무를 지켜낸 마을 사람들의 노력 덕분이었다.

　전국적으로 노거수는 많지만 목신제를 지내는 나무는 흔치 않다. 그런데 봉산동 둥구나무는 해마다 제를 올리는데, 시작을 알 수 없을 정도

로 오래됐다. 구즉사람들은 이 둥구나무가 마을을 지켜준다고 생각한다. 그래서 ≪유성의 역사와 지명 유래-유성문화원≫에는 '신목(神木)'이라고 표기했는지도 모른다. 이종획(62) 바구니둥구나무제 보존회장은 "해마다 대보름 하루 전에 둥구나무 제를 올리고 있다"며 "이런 전통은 액막이놀이 중 하나로 둥구나무에게 마을의 안녕을 기원하는 풍습에서 유래됐다"고 설명했다.

액막이 놀이 절정 '목신제'

목신제를 위해 동네사람들은 초이튿날 둥구나무에 금줄을 매고 군데군데 황토를 놓아둔다. 그리고 둥구나무 입구에는 농자천하지대본 깃발을 세운다. 그런데 봉산동 개발 전까지는 정월 초이튿날부터 열나흗날까지 지신밟기를 했다. 이때 농악단이 앞장서 가가호호를 돌며 집안의 액운을 몰아내고 쌀을 비롯한 각종 곡식을 걷었다. 그렇게 모은 것을 산신제, 목신제, 동제 비용으로 사용했다. 이런 전통이 내려오면서 농악은 전국에서 손꼽을

만큼 발달했고, 목신제와 지신밟기는 구즉 만의 액막이 전통놀이가 됐다.

그런데 구본환(51 · 농악단 상쇠) 유성구의원에 따르면 전국 1997년 한국민속예술축제에서 대전시 대표로 구즉액막이놀이가 선정되지만 명칭이 안타깝게도 바구니홰싸움놀이로 바뀌게 된다. 목신제가 끝나고 앞 바구니마을과 뒤 바구니마을이 홰싸움놀이를 했다는 것이다. 하지만 이 설에 대해서는 대부분 주민들이 동의하지 않고 있어 철저한 고증이 더 필요하다는 지적이다. 그리고 액막이놀이의 절정으로 목신제가 열나흗날 저녁에 시작된다. 지금이야 간소화됐지만 당시에는 구즉에 사는 성씨들이 모두 잔을 올리고 소지를 태우며 소원을 빌었다. 그리고 마을에 공동 우물이 4개 있었는데, 그 우물 앞에서 용왕제를 지냈다.

그 시절에는 또 목다리가 볼만한 풍경이었다. 지금으로부터 47년 전. 그때까지만 해도 바구니마을 앞(현 신구교 아래) 갑천에는 배가 들어왔다. 나룻배와 도선이었다. 도선은 우마차 3대를 실을 만큼 큰 배였다. 바로 그곳에 목다리가 있었다. 당시 구즉 사람들은 유성 보다는 신탄진이 더 가까운 생활권이었다. 필요한 생필품을 신탄진 장에서 구입해왔는데, 이때 넓은 갑천을 건너야했다. 그래서 놓았던 것이 목다리. 그런데 굵은 동아줄로 나무와 나무를 엮어서 만든 목다리는 여름철 장마가 지면 물에 쓸려갔다. 그래서 가을이 되면 다시 다리를 놓았는데, 그때 필요한 자금은 선계(벼와 보리 한말씩)를 받아서 충당했다고 이 마을 주민 김승현(60 · 농악단장)씨는 회고했다.

둥구나무, 천연기념물 보존가치

그리고 둥구나무 수령에 대해서도 이견이 있다. 공식적으로 사용되는 수령은 520년. 하지만 이 마을에서 평생 살아온 이주우(55 · 바구니둥구나무제 보존회 감사)씨는 "돌아가신 할아버지가 할아버지에게 들었을 때도 나무키가 지금과 똑 같았다고 했다"며 "520년으로 추정하지만 그보다도 더 오랜 된 것으로 보아야한다"고 말했다.

봄

여름

가을

겨울

젊은 시절 통장을 맡아 동네일을 했던 정조희(66세)씨도 "20년 전 고려대 학생들이 답사를 와 측정한 것으로는 1천년이 넘는다고 했다"며 "당시 측정 결과를 기록한 ≪고목을 찾아서 – 고려대 출판≫가 남아 있지 않음이 안타깝다"고 말했다.

만약 둥구나무에 대한 고려대 측정이 신뢰성이 있다면 대전에서는 가장 오래된 나무이기 때문에 대전시 보호수는 물론 현재 보존회에서 추진하는 천연기념물 등재 추진에도 한층 힘을 받게 될 것으로 보인다. 이와 함께 액막이 놀이 역시 유성의 대표적 전통문화로 계승 발전시켜야한다는 주장이다. 거의 모든 분야가 서구화되어가는 현대사회에서 지역문화를 발굴하고 이어가는 것이야말로 우리 민족문화를 꽃피우는 유일한 길이기 때문이다.

여행길잡이

교통 **내비** – 대전광역시 유성구 구룡달전로 22 구즉동 주민자치센터. 지번) 대전광역시 유성구 봉산동 294. **내비** – 대전광역시 유성구 봉산동 297 바구니 둥구나무. **대중교통** – 시내버스 301번, 802번, 73번, 75번. **세종버스** 661번, 691번 구즉동 주민 센터 정류장 하차. 마을버스–5번.

대통령도 찾은 '구즉묵'

구즉 도토리묵은 이제 유성을 넘어 대전의 대표음식이 됐다. 고증에 의하면 구즉 지역에 안산이라는 산이 있었는데, 지금은 도시가 형성되어 사라졌지만 당시에는 도토리나무가 많았다고 한다. 그래서 그때부터 묵은 구즉 주민들의 양식처럼 여겨질 만큼 즐겨 먹었고, 이후 점점 대량으로 생산하여 판매하게 되어 현재와 같이 유명해졌다고 전해진다. 그리고 보통 도토리묵은 무침으로 먹지만 구즉 묵은 멸치국물에 묵을 듬성듬성 채 썰어 장박은 고추 다짐이나 김·깨·양념장을 가미해서 먹는 것이 특징이다.

구즉 묵 마을이 형성된 것은 1980년대 초였다. 묵을 만들어 파는 집이 하나 둘씩 늘어나면서 구즉은 '묵마을'로 널리 알려지게 됐다. 이후 1993년 열린 대전 엑스포를 계기로 대박을 치게 된다. 당시 대전시가 구즉 묵을 '향토음식'으로 지정하면서 구즉은 '묵마을'로 변했다. 대전엑스포 개최 이후 20년이 흐른 지금은 봉산지구 주거환경개선으로 묵집이 모두 철거됐고, 관평동 일대에 일부 남아 전통을 이어가고 있다. 하지만 여전히 '유성' 하면 '구즉 묵', '대전의 대표음식' 하면 '구즉묵'으로 통한다.

구즉묵은 역대 대통령들이 찾았던 곳으로 더 유명하다. 주인공은 김대중 대통령, 노무현 대통령, 박근혜 대통령이다. 고(故) 김대중 대통령은 지난 2002년 한국과 이탈리아 간의 월드컵 16강전을 응원하러 왔다가 수행원 330명과 묵밥을 배달해 먹었다.

고(故) 노무현 대통령도 2006년 재개발 공사가 시작되기 직전에 이곳을 들렀다. 원래는 강태분 할머니의 원조집을 가려 했으나 개발에 반대하는 주민 시위 때문에 북대전 IC에 자리 잡은 '산밑 할머니묵집'에서 저녁을 먹었다. 박근혜 대통령은 대통령 후보시절에 '솔밭 묵집'에 들러 수행원들과 함께 식사를 하고 이 집 주인장 전순자 여사와 사진 촬영도 했다.